玄武岩纤维沥青混凝土路面抗裂性能研究

唐克斌　杨广庆　李　进
贾万勇　纪玉峰　马如胜
编著

西南交通大学出版社
·成　都·

内容提要

本书以玄武岩纤维提高沥青混凝土路面抗裂性能为研究目标，系统研究了路面加筋纤维材料的技术特点，纤维材料对沥青胶浆工程特性的影响，玄武岩纤维对 SMA-13 沥青混合料高温车辙、低温抗裂以及水稳性能的影响，玄武岩纤维 SMA-13 沥青混合料微观特征，玄武岩纤维 SMA-13 沥青混合料疲劳特性，玄武岩纤维 SMA-13 沥青混合料施工及质量控制技术方法等。

本书适合从事道路与铁道工程、交通运输工程等专业的科技人员以及高等院校相关专业的师生使用。

图书在版编目（CIP）数据

玄武岩纤维沥青混凝土路面抗裂性能研究 / 唐克斌等编著. —成都：西南交通大学出版社，2021.11

ISBN 978-7-5643-8367-1

Ⅰ. ①玄… Ⅱ. ①唐… Ⅲ. ①玄武岩－纤维增强材料－沥青路面－水泥混凝土路面－抗裂性－研究 Ⅳ. ①U416.217

中国版本图书馆 CIP 数据核字（2021）第 236618 号

Xuanwuyan Xianwei Liqing Hunningtu Lumian Kanglie Xingneng Yanjiu

玄武岩纤维沥青混凝土路面抗裂性能研究

唐克斌　杨广庆　李　进　贾万勇　纪玉峰　马如胜　编著

责任编辑 / 韩洪黎

封面设计 / 何东琳设计工作室

西南交通大学出版社出版发行

（四川省成都市金牛区二环路北一段 111 号西南交通大学创新大厦 21 楼　610031）

发行部电话：028-87600564　028-87600533

网址：http://www.xnjdcbs.com

印刷：成都蜀通印务有限责任公司

成品尺寸　170 mm × 230 mm

印张　13.25　　字数　184 千

版次　2021 年 11 月第 1 版　　印次　2021 年 11 月第 1 次

书号　ISBN 978-7-5643-8367-1

定价　68.00 元

前言 Preface

裂缝是沥青混凝土路面主要的质量通病之一，可分为荷载型疲劳裂缝、温度型疲劳裂缝、温度收缩裂缝、反射裂缝和由于路基不均匀沉降引起的纵向裂缝等。玄武岩纤维作为一种高性能绿色环保材料，具有良好的化学稳定性和优异的物理力学性能。本书以贵州省三（穗）施（秉）高速公路路面工程实体为研究对象，进行了玄武岩纤维沥青路面抗裂性能研究。研究成果的创新点体现在：一是基于扫描电镜试验和 X-衍射工业 CT 三维扫描试验，提出了沥青混合料及玄武岩纤维沥青混合料内部结构及断裂破坏微观分布模式，揭示了三维乱向随机分布状态下玄武岩纤维对沥青混合料加筋锚固和阻裂增韧的作用机理，建立了玄武岩纤维沥青混合料微观结构和宏观工程特性的内在关联机制；二是提出了木质素纤维、聚酯纤维和玄武岩纤维提升沥青胶浆高低温特性的贡献率，构建了基于吸附、稳定、增强、增韧等功能的玄武岩纤维阻止沥青混合料微裂纹发生、发展的稳定结构体系，揭示了玄武岩纤维增强沥青混合料疲劳寿命的内在机理，研究表明玄武岩纤维 SMA-13 沥青混合料疲劳寿命是 SMA-13 沥青混合料的 2 ~ 5 倍，有效提升了沥青混合料的耐久性；三是提出了马歇尔指标期望值条件下基于响应曲面法的玄武岩纤维 SMA-13 沥青混合料的最佳技术参数，揭示了玄武岩纤维提高 SMA-13 沥青混合料高温车辙、低温抗裂以及水稳性能的影响规律，制定了玄武岩纤维 SMA-13 沥青混合料施工及质量控制技术方法，形成了玄武岩纤维沥青混凝土路面应用技术指南。

本书共 9 章。第 1 章介绍了研究背景及国内外研究现状；第 2 章介绍了沥青混凝土路面裂缝形成机理及影响因素分析；第 3 章为路面加筋纤维材料技术特点及性能研究；第 4 章为纤维材料对沥青胶浆工程性能影响研究；第 5 章为玄武岩纤维对沥青混凝土使用性能的影响研究；第 6 章为玄武岩纤维材料增强沥青混凝土性能微观分析；第 7 章为玄武岩纤维沥青混凝土疲劳性能研究；第 8 章为玄武岩纤维沥青混合料施工及质量控制技术研究；第 9 章为结论与展望。

本书的编写分工为：唐克斌编写第 1 章，李进、贾万勇编写第 2 章，纪玉峰、马如胜编写第 3 章，杨广庆、李进编写第 4 章，杨广庆、蒲昌瑜编写第 5 章，唐克斌、李进编写第 6 章，杨广庆、纪玉峰编写第 7 章，贾万勇、马如胜编写第 8 章，唐克斌编写第 9 章。

限于作者水平，书中遗漏和不足之处在所难免，敬请各位专家和读者批评指正。最后，我们对所有为本书的完成和出版给予支持者表示最衷心的谢意。

编著者

2021 年 8 月

目录 Contents

第 1 章
PART ONE
概 述

1.1 研究背景

沥青混凝土路面以其独特的性能在高等级公路中占有绝对的优势，得到广泛应用。但由于沥青混合料特定的结构形式，裂缝（疲劳裂缝、收缩裂缝和反射裂缝）、变形和松散成为其典型的质量通病。因此，随着经济和交通事业的发展及现代研究技术的进步，对沥青路面材料的耐久性、抗裂性、温度稳定性等方面提出了越来越高的要求。由于沥青混合料不同于其他均质材料和水硬性胶结材料，其本身结构相对松散，从宏观上看，是由集料、沥青和空隙组成的三相体系。因此，相关研究多从改善骨料级配、提高沥青的黏结力等方面入手，并取得了一定的成果。而纤维对沥青混凝土性能的改善，是通过加强混合料整体性能、约束混合料内部缺陷、在纤维与沥青之间形成模量过渡区实现的。纤维对沥青混凝土性能的改善，不仅对强度的基本参数产生影响，而且从微观上改善了基体的性质，具有其独特的改善机理。

路面加筋常用的纤维材料主要有木质素纤维、矿物纤维、聚合物纤维等三大类。各类纤维如何影响沥青胶浆的高低温性能，如何影响沥青混合料的使用性能及疲劳特性，如何从微观、宏观角度揭示纤维增强沥青混合料性能的作用机理，成为该研究领域的技术难点。本研究结合贵州省三（穗）施（秉）高速公路路面工程，进行了玄武岩纤维沥青路面抗裂性能研究。基于沥青混凝土路面裂缝形成机理及影响沥青混合料抗裂性的因素分析，研究了纤维材料技术特点及其性能，发现了纤维材料对沥青胶浆工程性能及沥青混凝土使用性能影响规律，揭示了玄武岩纤维材料增强沥青混凝土微观机理，提出了玄武岩纤维沥青混凝土疲劳性能，结合试验段铺设，制定玄武岩纤维沥青混合料施工工艺及质量控制技术，最后形成了玄武岩纤维沥青混凝土应用技术指南。研究成果具有重要的工程应用价值，对提升沥青混凝土抗裂性、耐久性、温度稳定性具有重要的现实意义，应用推广前景广阔，可以为国内高速公路建设提供技术参考。

1.2 常见的沥青路面加筋纤维种类

目前，纤维通常分为硬纤维和软纤维两类。硬纤维通常是指经过拉、拔、扎、切工艺制作的钢纤维；软纤维是由合成纤维制成，主要有木质素纤维、矿物纤维、聚合物纤维三大类。由于钢纤维与沥青混合料的相容性较差，本身易锈蚀及成本太高，因此很少采用钢纤维增强沥青混凝土。软纤维则基本不存在锈蚀和相容性问题，作为沥青混凝土的增强材料，具有加强、耐久、质轻等优点，但目前使用的软纤维也普遍存在加筋效果差异性大的问题。

1.2.1 矿物棉纤维

矿物棉是一类天然水合金属硅酸盐岩石的总称，外观呈平行的或交错的细纤维状，可剥离成极细的纤维，具有耐火、耐热、耐酸碱、抗腐蚀、绝缘等特性。但其为合成玄武岩等人工配料纤维，对人体有害，是人造的可吸入纤维，易引起身体不适、发痒，可能引起硅肺、支气管癌和皮肤癌等疾病。另外，矿物棉纤维形态为不规则的棉絮状、有渣球及粉末，不仅直接影响了其加筋效果，且拌和时分散不开，有结团现象。在国际上许多国家现已禁用。

1.2.2　木质素纤维

木质素纤维（Methyl Cellulose，简称 MC）属于植物纤维，是天然木材在加工成纸浆和纤维浆时，通过一系列的物化处理，最终将一部分纤维素剩余后，经过洗涤、过滤、喷雾干燥等工艺过程而得到的一种形如棉絮的有机纤维，一般呈浅绿色或灰色。木质素纤维的取材也比较广泛，其实木质素纤维就是从植物中来的，具有强大的吸附能力，可以很好地对沥青进行吸附。由于其处理温度高达 250 °C，通常具有良好的化学稳定性和耐酸碱性，对环境无污染，对人体也无不良影响。

但其缺点也比较明显，比如吸水率太高、不耐高温、强度低、加筋加强作用十分薄弱。另外，由于木质素纤维在使用中可能老化，再生过程中会燃烧成灰尘，污染环境，美国有些州已经限制使用，我国也已经开始关注，这对其广泛应用很不利。

1.2.3　聚酯纤维

聚酯纤维（聚对苯二甲酸乙二醇酯，简称 PET）是由有机二元酸和二元醇缩聚而成的聚酯经纺丝所得的高聚物合成纤维，表观一般为乳白色，表面光滑，横截面接近圆形，密度为 1.38 ~ 1.40 g/cm^3，软化点为 230 ~ 240 °C，熔点为 255 ~ 265 °C。聚酯纤维吸湿性极小，除耐碱性较差外，其具有良好的耐热与耐酸性能。聚酯纤维还有强度高、延伸性和回弹性好的特点，在沥青介质中有良好的吸附性与分散性。聚酯纤维经过表面和抗老化处理后掺入沥青混合料中，可以增强沥青与集料间的握裹力，使其联结更加紧密；同时，它也可以改善路面的低温抗裂性和高温稳定性，优化沥青混合料的力学性能，增加路面的使用寿命。

聚酯纤维由塑料提炼，表面光滑，与沥青的黏结度不好，且熔点较低，拌和时极易熔化或受损。高温条件下，纤维会因其本身延性而使沥青混凝土软化变形，对集料约束稳定作用明显下降。低温条件下，纤维变脆易断会使沥青混凝土变硬易碎。此外，其结构不稳定且抗老化性能较弱。

1.2.4 玄武岩纤维

玄武岩纤维（图 1-1）是采用组分相近的玄武岩高温熔制而成的一种高性能无机纤维，是以纯天然玄武岩矿石为原料，将矿石破碎后放进池窑中，经 1 450 ~ 1 500 °C 的高温熔融后，通过喷丝板拉伸成连续纤维。玄武岩是由岩浆形成的基本矿石，因此玄武岩连续纤维的制造省去了多种原料配料过程，同时玄武岩在池窑熔化过程中没有硼和其他碱金属氧化物析出，在池炉排放的烟尘中无有害物质，是一种新型的环保纤维。纯天然玄武岩纤维的颜色一般为褐色，有些似金色。

玄武岩具有优良的耐化学性，特别具有耐碱性的优点。因此，玄武岩纤维是替代聚酯纤维、木质素纤维等用于沥青混凝土极具竞争力的产品，可以提高沥青混凝土的高温稳定性、低温抗裂性和抗疲劳性等。

玄武岩纤维和集料属于同一种材料（大部分都为玄武岩或者石灰岩），具有天然的与砂浆混凝土和沥青混凝土的亲和力和耐碱性，因此能更有效地参与矿料和沥青混合料之间的结合。

（a）

（b）

图 1-1 玄武岩纤维

对比木质素纤维、聚酯纤维和石棉纤维，玄武岩纤维能够提供更加良好的性能条件，具体有以下几点：

（1）使用温度范围广。玄武岩纤维能在更大温度范围内保持稳定的物理性能（ – 270 ~ 700 °C），在高温环境中其自身的物理力学性能不变，在低温下能为沥青混合料提供耐冻性，并且能够适应的大部分温度条件发挥材料自身优良特性。

（2）良好的化学稳定性。玄武岩纤维含有多种氧化物，能有效地提高纤维耐化学侵蚀，并且有较好的防水性能。在侵蚀环境下，玄武岩纤维的耐侵蚀性能远优于其他纤维。此外，其还具有良好的耐老化性能。

（3）优异的物理力学性能。玄武岩纤维的拉伸强度、断裂延伸率、吸湿率、导热率等性能皆要远优于其他常用纤维。因此其具有优异的水稳性与电热绝缘性能。

（4）绿色环保。玄武岩纤维的生产过程无污染，且其可以采用“冷技术工艺”成型，因此是绿色环保材料。

各种路用纤维力学性能如表 1-1 所示。

表 1-1　各种路用纤维力学性能比较

项目	玄武岩纤维	木质素纤维	聚酯纤维
抗拉强度/MPa	2 800 ~ 3 800	<300	<500
弹性模量/GPa	90 ~ 110	30 ~ 40	30 ~ 40
延伸率/%	3.2	15 ~ 20	15 ~ 30
熔点/°C	1 450 ~ 1 500	<250	<250
吸湿性/%	<0.1	12 ~ 15	2.0
与沥青的黏附力	很好	好	差
耐酸碱性	好	差	好
耐老化性	很好	差	差
加筋桥接作用力	很好	差	差
高温结构稳定性	很好	差	差

1.3 研究现状

1.3.1 纤维在沥青混合料中的应用现状

纤维应用于沥青混凝土中经历了漫长的发展过程，随着现代技术的进步，从最初的石棉纤维，到目前常用在沥青路面的钢纤维、玻璃纤维、聚酯纤维、木质素纤维、玄武岩纤维等。这些纤维的物理化学性质、力学性能、表面性能都不同，用在沥青路面中所起的作用不同，沥青混合料表现的性能也不尽相同。

1. 钢纤维

钢纤维是利用薄钢板边角料为原材料进行切割加工或采用废旧钢丝绳拆洗干净，切割加工成的长纤维。钢纤维具有强度高、耐高温以及高弯曲弹性模量的物理力学特点，其材料来源广泛、制造工艺简单、生产效率高。钢纤维的抗拉强度一般大于 380 MPa，有很强的增韧和增强效果，因此是良好的沥青混合料中的加筋材料。

河北省对钢纤维沥青混凝土面层进行了较为深入的研究，试验研究表明路面外观良好、路面平整、没有病害，并得出如下结论：在制作钢纤维沥青混凝土时,选择使用薄板切削法生产的扭曲型钢纤维比较合理；在沥青混凝土中掺加钢纤维时，直接将钢纤维撒入混凝土中搅拌便可以取得良好的效果；用马歇尔击实仪击实钢纤维沥青混凝土试件时，相比于普通沥青混凝土，其击实次数略有增加。当混凝土中钢纤维的掺量为 1% ~ 5%时，击实次数应为 100 ~ 125 次。钢纤维沥青混凝土高低温性能以及抗劈裂强度均得到不同程度的提高。与普通沥青路面相比，钢纤维沥青路面裂缝明显减少，平整度有很大提高，路面外观更好。

1998 年，为了解决新疆沥青路面低温开裂病害，新疆路桥总公司在沥青混凝土中加入钢纤维，进行了室内试验和试铺研究。试验结果表明钢纤维能有效增加沥青路面的路用性能。在沥青混合料中加入钢纤维，利用钢纤维对沥青混合料的加筋作用提高沥青混合料抗拉强度和韧性，从而提高沥青路面的抗裂性能，延长沥青路面使用寿命。孙洪利等人通过室内试验研究了钢纤维对沥青混合料性能的影响，研究表明沥青混合料中加入钢纤维可使低温劈裂强度明显提高，开裂时的变形显著增大，从而改善沥青路面的低温抗裂性能，同时在常温条件下钢纤维沥青混合料的抗拉强度和高温抗车辙性能有一定改善。汤寄予、高丹盈、赵军通过一系列室内试验研究了不同钢纤维掺量对密级配沥青混凝土路用性能的影响，并从材料组成决定性能的角度提出了钢纤维掺量和沥青含量的交互作用对各路用性能指标的影响规律。Sercan Serin 等人通过马歇尔稳定性试验研究了钢纤维在直接受交通影响的路面表层承受应力的可用性，提出了在最佳沥青用量为 5.5%的条件下沥青混合料稳定性最好的纤维率为 0.75%。宋俊伟等人通过小梁弯拉试验和有限元分析法研究了层布式钢纤维沥青混凝土小梁的力学特征，研究表明分层布置的钢纤维使沥青混合料小梁的抗弯拉强度和劲度模量得到了提高，同时提出了层间钢纤维撒布量存在限值。赵秋红、董硕、朱涵通过双面剪切试验研究了钢纤维-橡胶/混凝土的剪切性能，提出钢纤维对钢纤维-橡胶/混凝土试件的抗剪性能起主导作用。肖畅、王开、张小强研究了不同掺量的乙烯醋酸乙烯共聚物和钢纤维对混凝土的力学性能和耐久性能的影响，研究表明当钢纤维掺量为 1.5%和乙烯醋酸乙烯共聚物掺量为 15%时其改性效果最佳，混凝土的塑性变形能力和延性得到了显著的提高，混凝土的弹性模量从 3.25 GPa 降到了 1.12 GPa，跨中挠度增加了 420%，抗折强度增加了 29%，劈裂抗拉强度增加了 6.1%。

但是随着科学技术的逐步发展，钢纤维路面结构已经显现出许多的缺陷。钢纤维与沥青混合料黏附性能较差，握裹力、水稳性及抗剥落性相对较低。另外，由于金属的磨损系数小于混凝土，使得钢纤维混凝土路面产生后期效应——“凸失现象”，对车轮的抗磨损非常不利。此外，在长期的路面使用过程中，由于钢纤维本身的腐蚀，降低了其在使用过程中加筋作用的发挥。又因钢材价格不断上涨，钢纤维成本太高，因此现今很少采用钢纤维做沥青混凝土加强筋。

2. 石棉纤维

石棉纤维是最早应用于沥青路面领域的，其起源于20世纪50年代。1960年多伦多大学的Davis对其进行了首次系统研究，从此沥青路面的应用与研究发展进程开启了纤维应用时代。1962—1963年，Tamburro D.A.对温石棉纤维在沥青混合料中的应用进行了相关研究，Zuehlke G.H.通过马歇尔和弯曲试验手段对短切石棉纤维进行了相应研究， Kietzman 等人提出在沥青用量较大的混合料中使用石棉纤维等。张富奎通过热阻性能试验和路用性能试验研究了石棉纤维掺量对沥青混合料热阻性能和路用性能的影响，研究表明石棉纤维能有效改善沥青混合料的热阻性能，也能提高沥青混合料的路用性能，并推荐石棉纤维的剂量应为0.4%。然而，由于石棉纤维对环境造成污染、对人的身体健康构成威胁，因此许多国家已宣布禁止使用或生产石棉纤维及其制品。

3. 木质素纤维

木质素纤维是天然木材经过化学处理得到的有机纤维，现在许多木质素纤维是利用旧报纸加工而成，其化学稳定效果好。它在沥青混合料中的主要作用是吸附和吸收沥青，尤其是在高温沥青混合料变热时，木质素纤维内部的孔隙可吸收沥青，成为一个缓冲的余地，不致因为自由沥青过多而泛油，因此可以提高沥青混合料的高温稳定性。

木质素纤维是天然木材经化学处理而得到的有机纤维，通常情况下较稳定，不为一般溶剂酸、碱所腐蚀。目前，国内在沥青路面中使用的主要有德国JRS公司、我国北京垦特莱科贸有限公司和吉林宝恒木质纤维有限公司等生产的产品。根据形状，木质素纤维分颗粒状和絮状。

木质素纤维最成功的应用是在SMA(Stone Matrix Asphalt)中。SMA起源于20世纪60年代的德国，解决了当时因汽车使用一种胶钉轮胎而对路面磨损十分严重的问题。在 SMA 中最初加入的纤维是石棉纤维，后因石棉纤维污染环境、危害健康而被价格占优势的木质素纤维代替。木质素纤维的性能得到证明是在1975年，当时德国进行了一系列纤维试验，经过综合分析最终得出这一结论。1984 年，木质素纤维成为 SMA 中标准的稳定剂，并且德国联邦交通部还制定了相应的规范，随后 SMA 路面结构形式风靡整个欧洲。20 世纪 90 年代，美国也引进了 SMA 技术，并随后制定了 SMA 规范，规定了木质素纤维的尺寸、性质等。木质素纤维也成为人们争相研究的对象，一些生产公司也应运而生，如德国的 JRSTM 公司、美国的 INTERFIBETM 公司等。Aline Colares do Vale 等人采用马歇尔和 Superpave 两种设计方法研究了天然纤维（椰子纤维和纤维素纤维）对 SMA 沥青混合料性能的影响。Yanchao Yue 等人综述了木质纤维作为改性剂对沥青混合料性能的影响，提出木质素纤维对沥青混合料的抗高温车辙性能有一定的影响而对其低温抗裂性有显著影响，其中木质素纤维的最佳用量为 0.2% ~ 0.4%。

我国在 20 世纪 90 年代引入了 SMA 路面结构，随后对木质素纤维也开展了相关的研究。杨红辉等的研究表明，将木质素纤维应用到沥青混合料中，在适当减少沥青用量的同时，其他路用性能并不降低，并且高温性能还可以得到大大改善。黄彭对木质素纤维吸持沥青的能力进行了验证，同时也对其在 OGFC 中的应用进行了评价。邢爱萍、孔永健对比分析了木质素纤维和聚合物纤维在沥青混凝土中的应用效果。徐静、赵永利、刘加平等对三种不同品种的木质素纤维进行了 SMA 的路用性能研究，结果表明惰性大、高吸油率、动弹性模量高的木质素纤维对路用性能的增强有利。雷彤等人通过一系列室内试验研究木质素纤维和棉秸秆纤维对沥青混合料性能的影响，经对比分析后可知，木质素纤维沥青混合料与棉秸秆纤维沥青混合料基本路用性能接近，最佳沥青用量略高于棉秸秆纤维沥青混合料。陈华斌、王旭龙等人研究了颗粒状与絮状木质素纤维对 SMA 沥青混合料的性能影响，研究表明与普通絮状木质素纤维相比，颗粒状木质素纤维在 SMA 路面中具有良好的路用性能。覃峰研究了不同油石比情况下路用蔗渣颗粒状木质纤维沥青混合料超薄路面层抗腐性能，试验证明路用蔗渣颗粒状木质纤维可以作为 SMA 沥青混合料的纤维稳定剂，其油石比的最佳范围为 5.94% ~ 6.04%。李振霞等人研究了木质素纤维和玉米秸秆纤维对沥青混合料性能的影响，研究指出木质素纤维、玉米秸秆纤维沥青混合料光谱图为纤维分别与沥青混合料光谱图的叠加，加入纤维后并没有产生表征新化合物出现的波峰，纤维与混合料主要依靠物理黏结作用结合在一起；玉米秸秆纤维表面更加粗糙、长径比更大、更容易分散均决定了其改善效果优于木质素纤维，纤维对沥青的吸附作用能够降低混合料的温度敏感性，纤维的无规则分布在混合料内形成三维网状结构，具有串联骨架功能，在沥青混合料初始开裂时起到拉伸作用，阻止裂缝进一步扩展。陈开群等人对比分析了蔗渣纤维、絮状木质素纤维、颗粒木质素纤维对沥青混合料性能的影响。国内其他的研究者也进行了相关的对比试验研究，分析了木质素纤维增强沥青混合料的机理、对沥青胶浆流变性能的影响，以及在普通沥青混凝土中应用的可行性等。

木质素纤维在路面领域的应用已有一定的时间，对沥青混合料起到了增强作用，其本身的温度稳定性和化学稳定性良好，对人体和环境没有不好的影响。但其存在易吸水，以及因退化和氧化反应而分解的水和焦炭物质对沥青有污染等缺点，这给其长期使用带来了困惑。并且，木质素纤维沥青混凝土不可再生利用，这又给道路工作者提出了难题。

4. 聚合物纤维

聚合物纤维的应用起源于 20 世纪 80 年代美国的一个发明专利，该发明专利是杜邦公司的博尼工程师采用聚酯材料和特殊配方研制而成，可应用到沥青混凝土中的一种加强筋纤维。博尼的发明专利致使国内外科研工作者们对聚合物纤维展开了一系列研究工作，同时纤维织物和纤维格栅也被开发出来，并进行推广应用。Dykes J. W.在 1980 年对纤维织物所起到的抗反射裂缝性能进行了讨论。Yandell W.O.在 1983 年对纤维织物是否可以延长路面材料的使用寿命问题进行了分析。随后 Brown S. F., Kennepohl 和 Gerhand 等对纤维格栅的应用以及加强沥青路面的设计方法进行了综合阐述，使纤维和纤维织物得到推广。Freeman 在 1989 年的研究结果表明聚酯纤维可以提高沥青混凝土的路用性能。Reed B. F. 等的研究表明聚酯纤维可以提高沥青混凝土的韧性，降低水敏感性。同时也有相关研究表明，纤维应用于沥青混合料中可以改善其综合路用性能。Serfass 在 1996 年提出了用于评价纤维增强沥青混凝土效果的试验方法。Mahabi 等通过对回收的聚乙烯纤维进行的研究表明，其可以提高沥青混凝土的温度稳定性和耐久性。Putman 在 SMA 中加入从汽车轮胎和地毯中提取的纤维，研究结果表明不仅与加入木质纤维素的 SMA 具有同样的水稳定性，还能使 SMA 的韧性得到增强。Chen 通过对不同纤维的增强机理的分析得出，纤维沥青的黏性好于普通沥青的黏性。Moussa 等对比了聚乙烯纤维和聚酞胺纤维增强效果，结果表明聚乙烯纤维沥青混凝土的抗裂性能好于聚酞胺纤维的。Leed 的研究结果表明尼龙纤维沥青混凝土的抗断裂能量高于普通沥青混凝土。Benedito 通过静、动三轴的试验手段研究出纤维表现出最好的力学性能是在长 4 cm、掺量为 0.1%和 0.25%的情况下。Kuo 通过对聚烯烃纤维、聚丙烯纤维对沥青混凝土路用性能的影响研究得出，纤维在阻止沥青路面的裂缝的扩展很有效。Jeng 等人对聚酯纤维、聚丙烯纤维的研究结果表明，两种纤维在改善抗车辙方面不是很理想。Ibrahim Kamaruddin 等人研究了水对两种不同类型聚合物纤维加筋沥青混合料性能的影响，提出聚合物纤维的加筋作用有助于降低沥青混合料受潮破坏的程度，也有助于降低沥青对集料黏合的湿度敏感性的作用。目前，美国的 BoniFibers 和 GoodRoadII 纤维、德国的 ARBOCEL（木质素）纤维和 DolanitAS（聚丙烯腈）纤维等专利产品的问世,为纤维在沥青混凝土中的推广应用提供了有利条件。

国内对聚合物纤维加筋技术的关注是在 20 世纪 90 年代，源于 SMA 路面结构的引入。1992 年李立寒翻译了一篇有关聚酯纤维应用到沥青混合料中的文章，1995 年我国部分高速公路引入聚酯纤维，随后一些高校和研究所相继成立了课题研究小组，分别对纤维应用到沥青混凝土中的相关性能进行了研究，还专门针对多空隙沥青混凝土和多碎石沥青混凝土的使用性能做了研究。李炜光等通过对聚酯纤维加入沥青混土中的温度稳定性和疲劳性能的试验研究结果表明，两者性能均得到提高。张争奇、陈华鑫等人对不同种类的纤维研究结果表明，聚酯纤维的高、低温稳定性能最佳。彭波等通过对博尼纤维沥青混凝土的研究得出纤维沥青混凝土强度增大的同时，密度会减小，并且高低温性能提高尤为明显。陈华鑫等做的专题研究成果为纤维在沥青混凝土中的应用提供了参考。林平东等的研究结果表明12 mm长的聚酯纤维应用AC-16级配的沥青混凝土中，加筋效果最好。廖卫东等将聚酯纤维加入到 SMA 中，不仅得出沥青混凝土的水稳定性和高低温稳定性得到改善，同时还得到了最佳纤维掺量同空隙率、最佳沥青用量、动稳定度三个重要参数之间的函数表达式。宋玉珠研究并分析了聚酯纤维对 WMA 的温拌效果及其路用性能影响，研究表明聚酯纤维的添加有利于发挥 Sasobit 的温拌效果，同时由于聚酯纤维能够在沥青混合料中形成空间网状结构，起到了加筋的效果，以改善 WMA 的抗水损害能力与低温抗裂能力，且低温破坏弯曲应变提高幅度达到 13%。姚立阳研究了聚丙烯腈纤维在沥青混合料中的相容性、纤维沥青胶浆的性能，结果表明聚丙烯腈纤维表现出与沥青混合料良好的相容性。罗福兰等通过对聚丙烯纤维沥青混凝土的研究得出，提高幅度最大的是高温稳定性。周立刚将聚丙烯纤维沥青混凝土用于养护维修工程中，通过实际的使用后表明，该纤维在沥青混凝土中的应用取得了很好的效果。倪富健等将聚丙烯纤维和木质素纤维进行了对比研究，结果表明前者优于后者。郭乃胜对聚酯纤维沥青混凝土的路用性能以及静、动态力学性能进行了系统的研究，结果表明聚酯纤维在最佳掺量 0.2%时具有优异的综合性能。黄春水和陈丽芳通过小梁弯曲试验研究了聚酯纤维沥青混凝土的弯曲性能，提出了能够综合反映纤维长径比和体积率对沥青混凝土弯曲性能的影响的纤维含量特征参数。马峰等人研究分析了不同纤维沥青混合料中纤维的最佳含量，研究表明在应变能确定的最佳纤维掺量下，混合料的其他技术指标均处于较为理想的状态。邓明科等人通过双面剪切试验研究表明聚乙烯醇纤维改善了高延性混凝土的剪切性能。

尽管聚合物纤维沥青混凝土在国内外都取得了一定的研究成果，较木质素纤维在强度、抗酸碱腐蚀能力和抗氧化等方面有所增强，但其存在高温下变黄和发生卷曲等缺点，这将影响其在沥青混凝土中性能的发挥，对其提出更高的性能要求受到限制。

5. 玻璃纤维

玻璃纤维的应用也是源于 20 世纪 80 年代，使用目的经历了从单纯的抗反射裂缝到沥青混合料综合性能的改善过程，使用形式从最初的短切纤维发展成纤维织物、纤维格栅等路面用产品。国内外科研人员对其加强的沥青混凝土进行了相关的性能研究。

S. Z. Zahran，M. N. Fatani 评价了玻璃纤维加强沥青混凝土的经济适用性，在考虑建设、使用、养护的综合费用情况下，在沥青混凝土中加入玻璃纤维是相对经济的方案。NAJD 通过研究得出玻璃纤维沥青混凝土具有较高的抗裂缝扩展能力，但对于抗开裂能力的改善不明显。Abdelaziz Mahrez 将玻璃纤维应用到 SMA 中，替代木质素纤维，研究结果表明此种替代可以改善沥青混合料的抗车辙能力和疲劳性能。Qinglin Guo 等人通过一系列室内试验和统计学方法研究分析了硅藻土和玻璃纤维对沥青混合料性能的影响，结果表明硅藻土和玻璃纤维改善了沥青混合料的高温抗车辙性能和抗疲劳性能，同时玻璃纤维可有效地解决硅藻土对沥青混合料低温变形性能所造成的不利影响。Pyeong Jun Yoo 和 Tae Woo Kim 通过间接拉伸和汉堡车辙试验研究了热塑性聚合物涂层玻璃纤维对热拌沥青混合料性能的影响，结果表明玻璃纤维提高了热拌沥青混合料的增韧效果和现场性能，降低了热拌沥青混合料的水敏性。F. Morea 和 R. Zerbino 研究了玻璃粗纤维对沥青混合料性能的影响，结果表明在中低温下沥青混合料的断裂行为有所改善，并且粗纤维增加了第一峰值断裂应力并提供了更高的残余应力能力，相对于不含纤维的混合物，通过添加纤维使永久变形减少高达 50%，车辙行为得到显著改善。国外用玻璃纤维加强沥青路面材料的情况，由石秀坤首次介绍。自 1998

年以来，随着纤维沥青混凝土在我国多个省份的应用，国内的一些科研工作者对多种纤维增强的沥青混凝土进行了对比试验研究。吕伟民通过对不同纤维进行的特性分析，指出木质素纤维没有加筋作用，聚酯纤维、腈纶纤维应用到普通沥青混凝土中可以发挥加筋作用。武贤惠利用足尺疲劳试验手段，研究了玻璃格栅和 GoodRoodII 纤维抑制半刚性基层的反射裂缝所起的作用效果，结果表明两者均可降低裂缝处的应力集中现象。田华、曾梦斓等对比研究了老化前后玻璃纤维和木质素纤维的沥青胶浆流变性能，结果表明老化前木质素纤维优于玻璃纤维，老化后正好相反。陈华鑫、张争奇等对多种纤维的对比研究表明，纤维的直径大小影响对沥青的吸附黏结，在与沥青的黏附能力上，有机纤维最高。吉林大学的程永春、付极、黄珊、许淳等人经过对玻璃纤维应用到沥青混凝土中的一系列研究表明，对于 AC-13 级配中值的沥青混凝土来说，玻璃纤维的最佳用量在 0.2%左右；同时借助红外分析手段分析了玻璃纤维与沥青两者之间的界面能；建立灰色预测模型对最佳沥青用量和最佳纤维掺量进行了预测；根据复合材料增强机理和剪应力传递理论，指出纤维的增强效果与其长度的利用率有关；根据马歇尔和车辙两个试验结果得出 12 mm 长的玻璃纤维增强效果好于 6 mm 的；硅藻土与玻璃纤维共同应用于沥青混凝土中会发挥出较为理想的作用效果。曾梦斓、彭珊等采用 Hopkinson 压杆对不同纤维增强的沥青混凝土进行了动力特性研究，结果表明动态性能和韧性指标最优的是 0.25%掺量下的聚酯纤维。赫文秀和申向东利用室内无侧限抗压强度试验研究了玻璃纤维粉煤灰水泥土的无侧限抗压强度的影响因素及其发展规律，研究表明玻璃纤维的掺入可显著提高水泥土的无侧限抗压强度，而玻璃纤维主要起固结加筋的作用。孙久民、宁金成的研究结果表明玻璃纤维应用到沥青碎石中，使沥青碎石不易松散、减少半刚性基层的反射裂缝，具有长远的技术经济意义。

玻璃纤维应用到沥青混凝土中，能够起到增强、加筋、改善路用性能、提高静、动力学特性，并且玻璃纤维在强度上优于木质素纤维、聚合物纤维。但是玻璃纤维在沥青混凝土中的应用也存在不可回避的问题，因为玻璃纤维在沥青混合料中刚度过大，使沥青混合料脆性增加，在反复荷载作用下易折断、耐久性差，受热后易结团、不易分散，因此限制了其在沥青混合料中的使用。

6. 玄武岩纤维

玄武岩被拉成细丝始于 20 世纪 20 年代早期的美国，但由于第二次世界大战的爆发，岩拉丝研究被暂时搁置。第二次世界大战后，欧美的研究人员继续进行玄武岩拉丝的尝试。苏联是玄武岩纤维进行生产的最早国家，并且当时生产技术是保密的，只用在航空航天和军事领域。1995 年，该项技术被解密后，玄武岩纤维逐渐用于民用产品并出现了商品贸易。美国于 20 世纪 90 年代铺筑了第一条玄武岩纤维沥青混凝土路面，并取得了较为理想的使用效果。但由于受生产技术和研究层面的限制，早期生产的玄武岩纤维在品质上并不十分理想，性能稳定性稍差，并且成本一直高于其他纤维，所以玄武岩纤维的应用领域并不是很广。此时在纤维增强沥青混合料方面，大多都是聚合物纤维、木质素纤维或玻璃纤维。随着一些国家的研究开发和工艺技术的不断改进，玄武岩纤维的品质越来越好，同时玄武岩纤维对环境和人体健康均不产生不好的影响，这又重新引起了各个领域研究人员的兴趣，使玄武岩纤维的应用领域异常广泛，并随之出现了玄武岩纤维布、纤维格栅等产品。

在国内，浙江石金玄武岩纤维有限公司联合相应的研究院所和高校于 2004 年 1 月开始了连续玄武岩纤维及其复合材料的研发工作。此后，我国先后在上海、广东、江西等地修筑了玄武岩沥青混凝土试验路段，主要有 2005 年 12 月在粤赣高速上修筑的河源上陵至埔前段、2007 年 8 月在上海金山区亭枫公路修筑的 k55 + 450 ~ k55 + 770 段南半幅。同时，还有一些罩面维修工程也选用了玄武岩纤维沥青混合料，如 2009 年 7 月在杭金衢高速公路 k143 + 512 ~ k144 + 141 衢向段采用了 SBS 改性沥青、掺加 0.25%玄武岩纤维的 AC-13C 沥青混凝土做罩面维修试验段；

2010年石太高速公路河北段68 km内的山区路面南半幅进行了挖补罩面工程，均在4 cm厚的沥青面层中添加了玄武岩纤维。

各个高校和相关领域的人员也对玄武岩纤维沥青混凝土进行了相关性能的研究工作。2004年同济大学对比了木质素纤维、聚酯纤维和玄武岩纤维在SMA中的应用效果，结果表明玄武岩纤维优于其他两种纤维，具有很好的增强性能和相应的稳定性。2005年，郭振华、尚德库、乌仔翠莲、胡琳娜等人进行了海泡石-玄武岩复合纤维的制备，并用其增强沥青混合料。通过路用性能试验和微观分析表明，这种复合纤维能显著提高沥青混合料的温度稳定性能和耐久性能。2007年，卢辉、张肖宁等人对粤赣高速公路的试验段应用情况进行了研究，研究结果表明掺有玄武岩纤维的沥青混凝土路面模量有所提高，并且该试验段的高温抗车辙性能得到改善。吴少鹏、叶群山等人对玄武岩纤维沥青混合料进行了动态性能和高温稳定性能的研究，得出玄武岩纤维的加入没有改变动态模量、相位角的变化规律，同时动态模量还有所提高；60 °C时沥青胶浆、沥青混合料的车辙因子增大，车辙深度同未掺加玄武岩纤维的相比减小了。2008年，汤寄予、高丹盈等人分别对玄武岩纤维增强普通沥青混凝土的水稳定性、玄武岩纤维对SMA路用性能的影响进行了研究，结果表明玄武岩纤维可以使普通沥青混凝土的水稳性能得到提升，玄武岩纤维在与沥青最佳组成下可以使SMA具有稳定提升的路用性能。黄美德、曾俊标等人针对南方湿热地区，选用美国福倍安道路专用纤维进行了沥青混合料的水温稳定性能和力学性能的研究，结果表明此纤维的增强性能较理想。

2009年，凌晨等人对比了聚酯纤维、玄武岩纤维在沥青混凝土中的性能，还对比了膨化与未膨化处理的玄武岩纤维对沥青混凝土高温稳定性能的影响。试验结果表明，经膨化处理的玄武岩纤维对沥青混凝土高温和水稳性能的改善明显优于聚酯纤维。吴智深、吴刚、胡显奇、蒋剑彪等人将玄武岩纤维在土建交通设施中的应用情况与进展情况进行了详细的介绍，文中说明玄武岩纤维在土建交通领域最早主要应用于桥梁结构的加固，近些年才在水泥混凝土和沥青混凝土中进行应用并开展了相关研究、制定出了相应的国家标准和行业标准。

2010 年，李花歌对进口的玄武岩纤维在 SMA 中的应用进行了简单的路用性能试验，根据试验结果建议此种纤维在 SMA-13 混合料中的掺量是 0.45%。籍建云、许婷婷等人对不同生产工艺、尺寸、长径比的玄武岩纤维通过沥青混合料的路用性能试验结果进行了优选。刘福军对木质素纤维、聚合物纤维、玄武岩纤维在沥青混合料路用性能方面进行了比选，同时从韧性指标和蠕变变形试验结果出发对玄武岩纤维的增强机理做了简单探讨。范文孝对比研究了三种类型纤维对沥青混合料路用性能的影响，结果表明玄武岩纤维的改善效果优于聚酯纤维和木素纤维。浙江石金玄武岩纤维有限公司就“短切玄武岩纤维增强沥青混合料的方法”申请了发明专利，该专利涉及玄武岩纤维添加方法、玄武岩纤维长度与掺量及相应的使用性能介绍。

2011 年，许婷婷、顾兴宇、倪富健等对无纤维添加沥青混合料、聚酯纤维沥青混合料、辙试验、玄武岩纤维沥青混合料进行了劈裂试验、水稳定性试验、低温弯曲试验、动态蠕变试验等对比试验，混合料高低温性能方面的最大提高百分比达到 80%。试验结果表明玄武岩纤维沥青远好于未添加纤维和添加聚酯纤维的沥青混合料。徐刚、赵丽华、赵晶从常规路用性能试验出发，研究了玄武岩的纤维棉与短切纤维丝对沥青混合料的性能影响。结果表明两者均能起到提高作用，但短切纤维丝在水稳定性方面存在增强的不足，提出改善短切纤维丝表面亲水性能的建议。

2012 年，赵豫生、李红涛研究了玄武岩短切纤维掺量和纤维长度对沥青混凝土路用性能的影响，提出了玄武岩短切纤维的最佳掺量为 3‰，最佳适用长度为 6 mm。2013 年，钟明键、彭响兰通过室内试验研究了玄武岩纤维对沥青混合料性能的增强作用，结果表明玄武岩纤维胶浆抗车辙因子显著提高，抗剪切能力明显增强；玄武岩纤维沥青混合料的动稳定度和残留稳定度均得到提高，且在纤维掺量一定范围内，增长率比较快，掺量达到某一临界值时，增长率开始下降。2014 年，GU Xingyu 等人通过动态剪切流变试验和反复蠕变试验研究了玄武岩纤维加筋沥青玛蹄脂的流变行为。结果表明沥青玛蹄脂的流变性能在不同温度和加载频率之间表现出良好的线性关系。他们使用改进的 Burgers 模型表征了玄武岩纤维加筋沥青玛蹄脂的流变行为，并对模型参数进行了估计。高磊等人对玄武岩纤维工程性质的研究进展进行了总结，并提出一些今后的研究方向。

2016 年，李慧萍等人通过一系列室内试验研究了短切玄武岩掺量和长度对沥青混合料性能的影响，提出了玄武岩短切纤维的最佳掺量为 3.5 ‰，最佳适用长度为 6 mm。2017 年，程永春、杨金生、马健生通过室内试验研究了玄武岩纤维和抗车辙剂复合添加对复合改性沥青混合料路用性能的影响，经过对比分析可知，玄武岩纤维与抗车辙剂复合添加能够显著提升沥青混合的料路用性能。Davar 等人对玄武岩纤维和硅藻土粉复合增强热拌沥青低温疲劳寿命和抗拉强度进行了试验评价。

2018 年，刘向杰研究分析了玄武岩纤维对沥青混合料路用性能的影响，指出玄武岩纤维提高了沥青胶浆的吸附性和其抗剪强度。Xiao Qin 等人研究了玄武岩纤维长度和掺量对沥青玛蹄脂性能的影响，结果表明玄武岩纤维的加入改善了沥青玛蹄脂的性能，特别是抗裂性。由于其与沥青玛蹄脂的接触面积最大，6 mm 玄武岩纤维沥青玛蹄脂的吸附和强度行为优于 9 mm 或 15 mm。Xiao Qin 和 Fucheng Guo 等人研究了用玄武岩纤维、木质素纤维或聚酯纤维增强的三种沥青混合料，结果表明玄武岩纤维沥青混合料在各类纤维增强沥青混合料中综合性能最好。Xiaoyuan Zhang 等人提出了一种新的三维（3D）纤维分布模型，以研究玄武岩纤维（BF）分布对沥青砂浆弯拉流变性能的影响，随机分布纤维的结果与测试值非常吻合。Xiaolong Sun 等人研究了玄武岩纤维对沥青混合料韧性的影响，结果表明当纤维掺量达到沥青混合料质量的 0.4 % 时，BF 改性沥青的极限拉应力达到峰值。Xiang 等人研究了玄武岩纤维表面硅烷偶联剂涂层对纤维增强沥青的影响。

2019 年，程永春等人通过冻融循环试验研究了玄武岩纤维对沥青混合料的低温抗裂性能和抗冻融性能的影响，试验结果表明玄武岩纤维的掺入改善了沥青混合料的低温抗裂性能和抗冻融性能，同时根据可靠度理论和损伤理论，建立了玄武岩纤维沥青混合料冻融损伤演化的三维模型。2020 年，Zhennan Li 等人研究了在不同温度条件下玄武岩纤维含量对沥青混合料性能的影响，试验结果表明在最佳纤维含量条件下，在 –20 °C 时沥青混合料的低温破坏类型由脆性破坏变为柔性破坏。卢祎苗等人使用 PMW 汉堡车辙试验研究了玄武岩纤维在高温-水浴耦合作用下对沥青混合料抗车辙性能和抗水损伤性能的影响。研究表明玄武岩纤维可改善沥青混合料在高温-水浴耦合作用下的水稳定性能和抗车辙性能，从灵敏度角度分析可知玄武岩纤维沥青混合料的抗车辙性能随着水浴温度的波动衰减最大。顾倩俪等人研究了玄武岩纤维长度对沥青混合料的高温稳定性、低温抗开裂性、水稳定性及抗疲劳、抗开裂性能的影响，结果表明混合长度玄武岩纤维对沥青混合料的抗疲劳性能和抗开裂性能改善最为明显。

随着新市场的不断开拓，玄武岩纤维有望成为第四大高强高模纤维。2006 年，乌克兰的一家玄武岩纤维生产企业同复合材料技术开发有限公司合作，发明了一套崭新系列的 CBS 装置，将玄武岩纤维的生产成本降低，并且低于 E-玻璃纤维的生产成本。俄罗斯的玄武岩纤维生产厂家在保证产品较高的强度和模量的同时，其生产成本可与 S-玻璃纤维相竞争；在同样的价位下，具有比 E-玻璃纤维制品轻而又节能的优势。我国在玄武岩纤维生产技术方面，也掌握了比较先进的技术手段，同时生产出的玄武岩纤维品质也越来越高。通过这些信息和结合国内外研究情况，加之玄武岩纤维对环境和人体健康无损害、组成成分中含有玄武岩（碱性岩）、辉绿岩（碱性岩）、辉石（超碱性岩）等成分以及加入沥青混合料中使其 100%可再生利用等优点，都说明玄武岩纤维在沥青混合料中的应用是有很好前景的，需要对其进行更为全面和深入的研究。

1.3.2 纤维沥青混合料增强机理宏观研究现状

近几年，结合沥青混合料自身的特点，建立在纤维复合材料理论研究基础上，研究纤维改善沥青混合料性能的理论研究及试验研究均获得了一些有价值的成果。

李海军等应用界面作用理论及材料复合理论，分析了木质素纤维改善沥青玛蹄脂碎石混合料的作用机理。研究表明，纤维对沥青的吸附、键合作用对沥青玛蹄脂起到了积极作用，掺加木质素纤维降低了沥青胶浆的温度敏感性。可以采用锥入度试验及高温流淌试验评价沥青玛蹄脂的性质。纤维在沥青混合料中具有稳定沥青、加筋玛蹄脂及增强混合料的作用。

倪良松等建立在理论分析的基础上，考虑沥青混合料的组成结构和强度特性关系，研究了纤维沥青混合料同其他纤维复合材料性能特性的差异，并分析了产生差异的原因，并对纤维沥青混合料的增强效果及增强机理做了阐述。研究结果表明，纤维的分布均匀性、纤维强度与界面黏结强度比是影响纤维增强沥青混合料效果的关键。纤维分布不均匀，易引起“局部涨落”将降低其增强效果；界面黏结强度应合适，它受纤维与沥青的物理吸附及化学键结合作用影响。

封基良研究了纤维长度及纤维自身的力学强度对纤维沥青界面黏结强度的影响。该研究以聚酯纤维及芳纶纤维为例，进行了不同埋深的拉拔试验，分析了纤维沥青界面黏结强度的影响因素，并结合纤维沥青、纤维沥青混合料的试验结果，提出了用于热拌沥青混合料的纤维技术要求。此外，还分析了不同长度及掺量的纤维对 SMA-13 沥青混合料高温稳定性、低温抗裂性及疲劳性能的影响，并应用复合材料理论定性评价了纤维的增强机理。

鲁华英等总结了纤维增强沥青混合料的主要作用，并应用复合材料理论及断裂力学理论分析了纤维吸附及吸收沥青作用、稳定作用、增勃作用、阻裂作用、增韧作用、多向加筋作用的理论基础，讨论了纤维改善沥青混合料高温稳定性、低温抗裂性、疲劳耐久性的原因。

陈华鑫等分别将六种纤维与沥青混合形成纤维沥青胶浆，通过室内沉锤试验、篮网试验和动态剪切试验，重点研究了纤维沥青胶浆性能与纤维的表面结构、纤维的物理化学性能之间的关系。研究表明，纤维越细，对沥青的稳固作用越好。纤维与沥青的组成结构越相似，越有利于纤维与沥青形成良好的界面黏结效果。掺加纤维起到了吸附和稳定沥青的作用，因此提高了沥青混合料的最佳沥青用量。根据不同纤维的作用特性，提出 SMA、OGFC 最好选用纤细、稳定沥青作用强的木质素纤维，而在普通沥青混合料中优先选择加筋作用好的纤维。

高春妹利用场发射电子扫描电镜（ESEM），比较分析了普通沥青混合料和玄武岩纤维沥青混合料劈裂破坏面的内部微观构造，结合界面理论、复合材料观点和断裂力学理论定性分析了玄武岩纤维对沥青混合料的作用机理，根据界面浸润理论、过渡层理论和化学键理论揭示了微观形貌特征与宏观性能的内在联系。定性分析了玄武岩纤维掺量对宏观强度性能影响的相内原因、相间原因。

姚立阳研究了聚丙烯腈纤维沥青混合料的路用性能，结果表明聚丙烯腈纤维在沥青混合料中的增黏、稳定、加筋和阻裂等作用明显地改善沥青混合料的高温抗车辙和低温抗裂等性能。同时，利用伯格斯模型分析了纤维沥青混合料的黏弹特性，并获得纤维沥青混合料的伯格斯模型的拟合参数，与试验曲线对比可知，伯格斯模型的拟合曲线可较好地描述纤维沥青混合料的黏弹性力学行为。

张文刚等人通过应用黏弹性力学和复合材料细观力学原理对矿物纤维改善沥青混合料抗车辙性能、低温抗裂性能和疲劳寿命的工作机理进行了综合分析，分析表明路用矿物纤维是通过提高沥青混合料的弹性模量、抗拉强度以及纤维-基体界面附近形成的残余应力应变场和微裂纹起到的增韧作用来改善沥青混料的路用性能。

肖鹏等人研究了不同纤维 SMA 的路用性能，纤维能够改善沥青混合料抗裂性能的原因在于纤维与混合料基本材料的热膨胀系数和弹性模量存在较大的差异，使纤维-基体界面附近产生残余应力应变场及微裂纹，从而提高沥青混合料的韧性，进一步改善了沥青混合料的低温抗裂性能。

Yinghao Miao 等人研究界面特性对纤维增强沥青性能的影响，详细分析了沥青和纤维表面性质对纤维增强沥青性能的影响。研究表明，纤维的掺入可有效地提升沥青结合料的抗剪强度，其增强效果与沥青和纤维的种类密切相关，同时沥青与纤维之间的黏附力与纤维加固效果之间存在良好的相关性，其研究结果可作为选择合适的纤维沥青组合的依据。

1.3.3 纤维沥青混凝土增强机理微观研究现状

沥青混合料的微观结构对其性能的影响十分重要，国内外对沥青混合料的微观结构进行了相应研究。在 SHRP（Strategic Highway Research Program）计划中就已经意识到沥青混合料微观结构的重要性，但该计划并没有就沥青混合料的微观结构提出详细的测量和评价方法。Zhong Q. Y. 等开创性地运用数字图像处理技术、借助 CCD 相机对沥青混合料试件内部结构状况进行了拍摄，对粗集料的形状、取向、空间分布规律进行了定量研究。Masad E.等通过对旋转压实成型和搓揉压实成型的试件内部结构进行 CT 扫描发现，不同的成型方法影响着内部空隙的形状。Kwan A. K.等提出了集料的三维级配可用二维数字图像来研究的方法。Wang L.B.等提出沥青混合料的三维分布可运用 X-ray CT 扫描图片进行重构。Masad E.等基于 X-ray CT 数字图像处理技术为沥青混合料的内部集料是否形成骨架提供了验证手段。国内也展开了对沥青混合料微观结构的研究，如同济大学的张倩娜、华南理工大学的李智、台湾大学的 Chen J.S.等人均运用数字图像技术对沥青混合料的内部结构特征进行了研究。

Wu Mengmeng 等人利用扫描电子显微镜（SEM）研究分析了掺纤维和脱油沥青的高黏度橡胶/SBS 改性沥青砂浆的增强机理。结果表明，纤维通过形成的空间网络结构对沥青结合料进行黏附和稳定，从而有效地提高沥青砂浆的韧性。李振霞等人利用红外光谱来分析纤维与沥青混合料之间的键合作用，也应用扫描电镜从微观角度来揭示两者之间的作用机理。红外光谱试验结果表明纤维与混合料之间主要是通过物理作用来提高其性能。通过扫描电镜观察试样整个断面处的纤维分布情况、放大纤维拉断处的茬口以及与沥青混凝土基体连接的根部来分析其黏结力强弱，同时放大观测横跨于孔隙之间的纤维以分析其阻裂效果。由微观分析可知，纤维在沥青混合料中的吸附作用影响沥青混合料的高温稳定性、水稳定性，阻裂作用决定沥青混合料的低温抗裂性。

纤维的加入亦能对沥青混合料的微观结构产生影响，因此纤维在沥青混合料中的空间存在状况和与沥青之间的黏结状况都会影响到宏观使用性能。目前对沥青混合料本身的微观结构研究都是基于分辨率不高的数字成像技术和 CT 扫描技术，对于直径以微米级进行度量的纤维，以上测试手段并不适用。目前在纤维增强沥青混凝土的微观机理研究中，大多限于纤维与沥青的两相作用。一般通过红外光谱分析纤维与沥青胶浆界面是否形成新的物质，也就是求证是物理连接还是化学连接；通过扫描电镜观看纤维在沥青中的微观分布形貌。但对于纤维在沥青混凝土基体发生破坏时是否拔出或断裂的直观观察并未见到，且目前的微观分析试验研究均没有涉及纤维对沥青混凝土内部缺陷的约束情况以及纤维对沥青混凝土基体中微裂缝扩展的阻滞情况。因此，通过直观的微观分析手段对纤维在沥青混凝土基体内的实际存在状态以及基体开裂后纤维同基体内微损伤部位的连接状态进行研究是十分有意义的。

1.3.4 玄武岩纤维沥青混合料路用性能研究现状

国外相关学者从材料宏观性能方面出发，对玄武岩纤维沥青胶浆和玄武岩纤维沥青混合料进行了包括抗裂性能在内的相关研究。Madan Lal Regar 等通过对玄武岩纤维的生产和应用分析，认为玄武岩纤维具有较高的强度、耐腐蚀、耐高温且绿色环保等优点。胡晓宇采用 DSR 试验研究发现玄武岩纤维的掺入可以明显改变沥青的黏弹特性；采用测力延度试验研究发现玄武岩纤维降低了沥青的低温变形能力；采用旋转黏度试验研究发现玄武岩纤维有明显的增黏作用。Wang W. S. 等研究了用玄武岩纤维加固沥青混合料的冻融损伤特性，并对冻融损伤特性进行了体积和力学性能——空隙率、劈裂抗拉强度和间接抗拉刚度模量试验。试验结果表明，采用玄武岩纤维加固的沥青混合料具有较好的力学性能，包括劈裂抗拉强度和间接抗拉刚度模量。Yang Kang 等人通过半圆三点弯曲试验对普通沥青混合料和玄武岩纤维沥青混合料采集试验过程中的声发射参数，并根据声发射参数的变化划分了损伤阶段，引入上升角和平均频率来研究玄武岩纤维沥青混合料的开裂模式和抗裂机理。结果表明，声发射参数能很好地反映玄武岩纤维在沥青混合料中的增韧和抗裂作用，损伤阶段可分为微裂纹萌生阶段、断裂阶段和残余阶段三个阶段。加入玄武岩纤维后，断裂阶段的持续时间和试样的抗载荷时间大大延长，剪切事件在整个破坏过程中所占的比例大大增加，尤其是在断裂阶段。这降低了沥青混合料的拉伸破坏倾向，从而提高了沥青混合料的弯曲和拉伸性能，并在断裂阶段起到增韧和抗裂作用。

国内学者对玄武岩纤维沥青混合料进行了相关性能的系统性研究，包括最佳纤维掺量以及掺玄武岩纤维后沥青混合料的性能改善效果。黄向前通过进行沥青的路用性能试验，发现玄武岩纤维提高了沥青胶浆的结构整体性，但开级配沥青混合料的渗水和降噪功能会有所下降，综合上述两点确定了最佳掺量。许天成研究了玄武岩纤维对自密实混凝土的力学和耐久性能影响，发现随着纤维的含量不断增加，混凝土的立方体抗压强度、劈裂强度和抗冻融耐久性均呈现出先提高后降低的规律，因此沥青混合料中掺加纤维用量应适宜。朱春凤用小梁四点弯曲疲劳试验对硅藻土玄武岩纤维复合沥青混合料的抗疲劳性能进行了研究。通过 Cooper 多功能气动伺服试验机测出四种沥青混合料的疲劳参数指标，对比分析改性沥青混合料的疲劳性能；并利用灰色关联度分析油石比、空隙率、间隙率、饱和度、初始劲度模量和累积耗散能对沥青混合料疲劳寿命的影响。毕海鹏采用马歇尔稳定度试验、劈裂抗拉强度试验、动态间接拉伸试验以及单轴静、动载压缩蠕变试验，以马歇尔稳定度、劈裂强度、动态间接拉伸劲度模量以及单轴静、动态压缩蠕变应变作为评价指标，比较了两种成型方式对基质沥青混合料、纳米 $T_iO_2/CaCO_3$ 改性沥青混合料、玄武岩纤维改性沥青混合料，以及纳米 $T_iO_2/CaCO_3$-玄武岩纤维复合改性沥青混合料四种类型沥青混合料抗冻融特性的影响。赵豫生、李红涛分析了玄武岩短切纤维改善沥青混合料路用性能的工作机理。通过纤维的增韧增强原理解释了玄武岩短切纤维提高沥青混合料的高温稳定性的机理，通过纤维的吸附原理解释了玄武岩短切纤维提高沥青混合料的水稳性的机理，通过纤维的抗裂阻裂原理解释了玄武岩短切纤维提高沥青混合料的低温抗裂性的机理。

部分学者从微观层面着手，着重分析了玄武岩纤维在混合料内部的分布、断口形貌以及裂缝发展情况，揭示了玄武岩纤维对沥青混合料抗裂性能增强效应。赵云借助扩展有限元法和 ABAQUS 软件，对玄武岩纤维沥青混合料进行了低温抗裂性试验研究。研究表明，玄武岩纤维对沥青混合料在低温环境下的抗开裂和变形的能力有显著提高，说明玄武岩纤维可以有效阻止沥青混合料裂纹的产生及发展。赵丽华以 AC-16C 型沥青混合料为例，经过分析研究后提出应在相关规范中增设玄武岩纤维的 PH 及其与沥青的黏附性指标，而与之影响不大的玄武岩灰分含量，应降低其在规范中的指标要求。另外，还观察分析了试件破坏时断口处的形貌特征，研究表明断口处强度薄弱区的性能的提升和纤维的乱向分散性对混合料抗开裂性能的影响较为关键。王欣悦对不同浸润剂处理后的玄武岩纤维沥青混合料路用性能进行分析，结果表明三种不同类型玄武岩纤维（高强型、石蜡型、粗糙型）均能提高材料的低温抗裂性能；再通过微观分析手段，根据孔洞和裂缝长度、宽度等指标详细分析沥青混合料断口形貌和纤维的破坏方式，结果表明玄武岩纤维在材料内部形成空间网络结构，能起到增韧阻裂的作用，提高其低温抗裂性能。李宁宁通过扫描电子显微镜试验对基质沥青混合料和掺入玄武岩纤维沥青混合料的微观构造进行观察，观察玄武岩纤维与沥青的接触方式、纤维断口形貌和微裂缝处分布状况定性分析玄武岩纤维在沥青混合料中对裂缝开裂的影响。

Xiao Qin 等人利用扫描电子显微镜（SEM）对玄武岩纤维沥青玛蹄脂的微观结构和形貌进行研究，以分析其增强机理。研究表明，玄武岩纤维的加入可使沥青分子均匀地排列在其内外面附近，从而增加沥青膜的厚度，有利于提高玄武岩纤维与沥青结合料之间的黏结力。此外，在玄武岩纤维的根部发现的天线状沥青结构可使纤维紧密连接在一起，有效地增强玄武岩纤维沥青玛蹄脂的整体稳定性。玄武岩纤维在沥青玛蹄脂中相互连接形成良好的空间网络结构，从而提高其强度和稳定性。当沥青玛蹄脂发生断裂时，桥接在裂纹之间的纤维可有效地抵抗微裂纹的扩展，并在施加拉力作用下阻碍裂缝的延伸。上述的增黏稳定机理和加固、桥接机制可有效地抑制裂缝的产生与扩展，提高玄武岩纤维沥青玛蹄脂的抗裂性能。

Zhennan Li 等人通过扫描电镜观察了玄武岩纤维加筋沥青混合料的微观形貌和微观结构。分析表明，玄武岩纤维优化了沥青混合料的内部形态，增强了整体性和连续性，有利于提高性能。玄武岩纤维优化了沥青混合料的微观结构，产生了均匀的应力和变形，从而大大提高了低温性能。

1.4 研究内容

（1）沥青混凝土路面裂缝形成机理及影响沥青混合料抗裂性的因素分析；

（2）纤维材料技术特点及性能研究；

（3）纤维材料对沥青胶浆工程性能影响规律研究；

（4）纤维对沥青混凝土使用性能的影响规律研究；

（5）纤维材料增强沥青混凝土使用性能的影响研究；

（6）玄武岩纤维材料增强沥青混凝土性能微观分析；

（7）玄武岩纤维沥青混凝土疲劳性能研究；

（8）玄武岩纤维沥青混合料施工工艺及质量控制技术研究；

（9）玄武岩纤维沥青混凝土应用技术指南。

1.5 研究方案

本课题主要研究玄武岩纤维改善沥青混合料路用性能的影响效果及增强机理，研究以室内试验为主，同时进行相应的理论分析和数值模拟。根据总体研究思路与方案，以解决关键科学问题为核心，以实现研究目标为目的，对玄武岩纤维沥青混凝土路面抗裂性能进行系统研究。

进行沥青混凝土路面裂缝形成机理及影响沥青混合料抗裂性的因素分析，在分析纤维材料技术特点及性能基础上，揭示纤维材料对沥青胶浆工程性能及沥青混凝土使用性能影响规律，进行玄武岩纤维材料增强沥青混凝土性能微观研究，分析玄武岩纤维沥青混凝土疲劳性能研究，结合试验段铺设，制定玄武岩纤维沥青混合料施工工艺及质量控制技术，最后形成玄武岩纤维沥青混凝土应用技术指南。

PART TWO

第2章

沥青混凝土路面裂缝形成机理及影响因素分析

2.1 沥青路面裂缝形成机理

沥青路面建成以后，不论是柔性基层还是半刚性基层，都会产生各种形式的裂缝。造成路面裂缝的原因很多，主要原因如下：

1. 疲劳裂缝

疲劳裂缝包括荷载型疲劳裂缝和温度型疲劳裂缝两种。荷载疲劳裂缝是指路面在正常使用情况下，由行车荷载的多次反复作用引起的。沥青结构承受车轮荷载的反复弯曲作用，结构层底面产生的拉应变（或拉应力）值超过沥青结构的疲劳强度时，底面便开裂，并逐渐向表面发展。经水硬性结合料稳定而形成的整体基层也会产生出疲劳开裂，甚至导致面层破坏。温度疲劳裂缝是由于沥青混凝土长期受到气温的冷热交替变换，使得应力松弛性能下降，极限拉应变变小，当温度应力大于抗拉强度时而形成的裂缝。这类开裂开始大都是形成细而短的横向开裂，继而逐渐扩展成网状，开裂的宽度和范围不断扩大（图 2-1）。

（a）

（b）

图 2-1　路面疲劳裂缝

2. 低温收缩裂缝

沥青路面在低温时强度虽增大，但其变形能力却因刚性增大而降低。但气温下降特别是急骤降温时，沥青面层受基层的约束而不能收缩，产生很大的温度应力，当累计温度应力超过沥青面层某一薄弱点（或面）混合料的抗拉强度，路面便发生开裂。这种开裂一般为横向间隔性裂缝，严重时才发展为纵向裂缝。这些裂缝从表层开始向下逐渐延伸，并形成对应裂缝（图 2-2）。

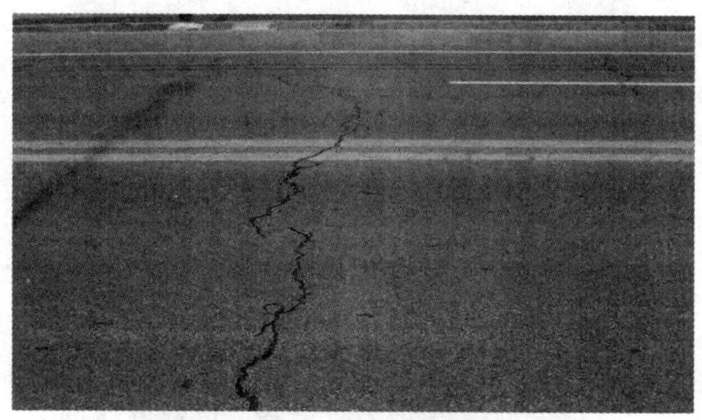

图 2-2　路面低温收缩裂缝

3. 反射裂缝

由于基层开裂，反射带动面层开裂，或是面层带动基层开裂。半刚性基层随着混合料中水分的减少产生干缩和干缩应力。在铺筑沥青后半刚性基层继续产生干缩，原有的干缩裂缝继续拉开和扩大，会将面层拉裂。

半刚性基层的开裂通常由温缩或者干缩引起，多数情况是基层铺筑完成后未达到养生规范或未及时铺筑沥青面层，使基层长时间暴晒，或温度骤变引起的温缩裂缝。半刚性基层开裂以后，在沥青面层与半刚性基层层间的裂缝处形成一个薄弱点，当有荷载作用时，在荷载应力与温度应力的共同作用下，该点将产生应力集中，沥青面层较薄处则会引起开裂。之后，在行车和环境因素的反复作用下，裂缝逐渐向上扩展，到达沥青表面（图 2-3）。

（a）

（b）

图 2-3　路面反射裂缝

4. 纵向裂缝

当路基边部压实不足，路堤边部会产生沉降，导致在距路边处产生纵向裂缝（图 2-4）。在沥青混合料摊铺时，由于纵向接缝处理不当，造成路面早期渗水或压实未达到要求，在行车作用下亦会在纵向接缝处形成纵向裂缝。由于地基和填土在横向不可避免地产生不均匀性，特别是在有路表水渗入地基的情况下，在沥青路面产生细而小的纵向裂缝也是不可避免的。但是，沥青路面产生纵向裂缝过多过早、裂缝宽度过大和过长，都将严重影响路面使用性能和使用寿命。

（a）　（b）

（c）

图 2-4　路面纵向裂缝

可见，温度收缩裂缝、温度疲劳裂缝、反射裂缝的产生均与低温环境下，材料的收缩、变硬、变脆等密切相关，而沥青混合料又是对温度特别敏感的弹塑性材料。当温度骤降时，沥青混合料的应力松弛性能下降，应力松弛模量逐渐增大，使得应力积累变大，沥青混合料的极限抗拉强度不足以抵抗温度应力的累积应力时，路面就会以开裂的形式将多余的应力释放出去，产生沥青路面的开裂。

沥青路面裂缝的出现不但破坏了路面的整体性和连续性，还影响着路面的使用质量。由于路表雨水会由裂缝向路基中渗入，从而减弱了路基的强度和稳定性，导致路面承载力下降，减少了路面的使用寿命。因此对于疲劳裂缝的产生应及时采取措施，以预防为主、补救为辅。

2.2 温度对路面裂缝的影响

热胀冷缩的沥青混凝土面层铺在柔性基层或半刚性基层上不可避免地要产生温度收缩裂缝。高速公路半刚性路面的横向裂缝绝大部分是温度裂缝。在冰冻地区温度裂缝有两种：一是冬季突然大幅度降温引起沥青面层产生低温收缩裂缝;二是日气温变化引起沥青面层产生温度应力，温度应力的反复作用使沥青面层产生温度疲劳裂缝。在冬季负气温低的地区，通常低温裂缝是主要的。北方地区大风降温过程中，面层表面的温度最低，温度变化时也是表面的温度变化率最大，表面产生的温度拉应力最大，温度裂缝总是起始于表面并向下较快延伸。在南方非冰冻地区，沥青面层的温度裂缝主要是温度疲劳裂缝。

2.3 行车荷载对路面裂缝的影响

荷载型裂缝主要是由于交通荷载作用产生的疲劳裂缝，故又称为路面荷载疲劳开裂，即在交通荷载的循环作用下，路面结构产生随机、不规则的压力与应变，使沥青混凝土面层和其下的结构基层内部产生细微裂纹，随着交通荷载的持续作用，裂纹不断发展，使沥青混凝土面层出现疲劳裂缝。由车轮荷载产生的裂缝反映在面层上且自上而下扩展贯穿沥青混凝土面层，往往不是单独的、稀疏的和较有规则的裂缝，而是稠密的、有时互相联系的裂缝，甚至是网状的裂缝。严重时，还往往伴随着表面的形变，例如辙槽或沉陷。

对于路面结构而言，产生荷载型疲劳裂缝的主要原因是路面结构设计或路面结构组合不合理，以及路面厚度不足等原因，导致路面回弹弯沉值逐渐增大，路面强度满足不了交通量迅速增长和汽车载重量明显增大的需要；无机结合料稳定细粒土或稳定细土级配不合理，质量及抗裂性差；路面结构层中夹有软弱层及细粒料，粒料层易松动，水稳性差。

第 3 章

PART THREE

路面加筋纤维材料技术特点及性能研究

选取常用的三种路面加筋纤维材料——木质素纤维、聚酯纤维和玄武岩纤维，对纤维材料的工程技术特点进行对比分析，在研究玄武岩纤维改性沥青胶浆微细观特性的基础上，揭示纤维改性沥青胶浆以及纤维增强沥青混合料性能的作用机理。

3.1 路面加筋纤维的技术特点

3.1.1 力学性能

纤维作为一种改善沥青混合料性能的加筋材料，其自身的物理力学性能决定了纤维对沥青混合料性能的增强效果。反映纤维力学性能的指标主要有抗拉强度和断裂延伸率。抗拉强度反映纤维材料在受拉伸直至断裂时其单位面积所能承受拉力的大小；纤维的断裂延伸率指纤维受力伸长至断裂时与纤维原长相减增加的长度，除以其原长得到的百分数。纤维的断裂延伸率越大，则越有利于纤维增强混凝土复合材料韧性的提高。但纤维断裂延伸率不可过大，否则由于纤维与混凝土基材的过早脱离会影响纤维发挥增强作用。

纤维的拉伸特性和耐高温特性对沥青混凝土性能的影响较大。由于沥青混合料的拌和温度高达 180 °C 以上，可以选择的路面加筋纤维材料有木质素纤维、聚酯纤维和玄武岩矿物纤维，其熔点温度分别为 240 °C、250 °C 和 1 500 °C。三种纤维的主要参数如表 3-1 所示。从试验结果可以分析出：玄武岩纤维抗拉强度最高，断裂延伸率及直径最小，力学性能最优，远远高于木质素纤维及聚酯纤维。同时，玄武岩纤维比重较大，是聚酯纤维及木质素纤维的 2 倍以上，就力学性能来看，是一种非常优异的增强纤维。

表 3-1　三种类型纤维的物理力学性能指标

纤维种类	外观	长度 /mm	抗拉强度 /MPa	断裂延伸率/%	适用温度 / °C	当量直径 /μm	密度 /(g/m³)
木质素纤维	灰色单丝	1.8 ± 1	300	16	≤240	49	1.238
聚酯纤维	白色单丝	6 ± 1	500	21	≤250	24	1.382
玄武岩纤维	金黄色单丝	6 ± 1	2 900	3.2	≤1 500	14	2.895

3.1.2　耐高温性能

由于普通热拌沥青混合料拌和温度一般约为 170 ~ 180 °C，改性沥青的拌和温度则要更高，因此加筋纤维应具有一定的耐热性，在混合料拌和过程中不能出现性能变化，继而影响其改性效果。耐高温性差的纤维在沥青混合料拌和使用时会发生卷曲缩团，影响混合料的拌和温度且失去预期的使用品质。

为了了解在高温拌和过程中纤维的变化情况，依据《沥青路面用聚合物纤维》(JT/T534)，对纤维进行 210 °C、2 h 的耐热性试验，以此分析其高温质量稳定性。试验过程为将少量纤维放在 210 °C 的恒温烘箱中养护 2 h 之后，对其表面状态进行前后观测，结合其基本技术参数改变对比分析纤维经过简单老化后物理状态的变化。测试结果如表 3-2 和图 3-1 所示。

(a) 木质素纤维加热前

(b) 木质素纤维 210 °C、2 h 加热后

(c) 聚酯纤维加热前

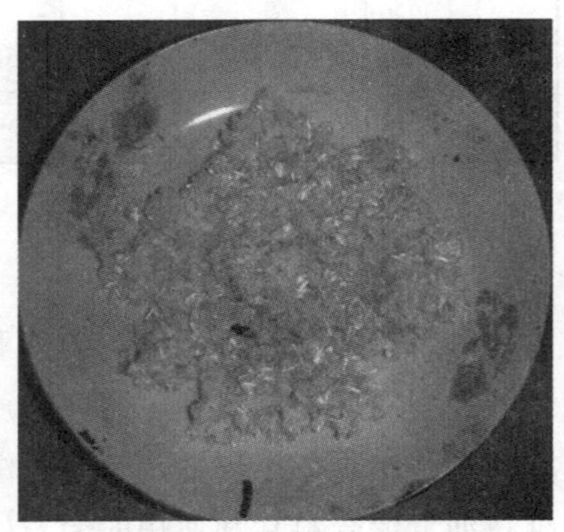

(d) 聚酯纤维 210 °C、2 h 加热后

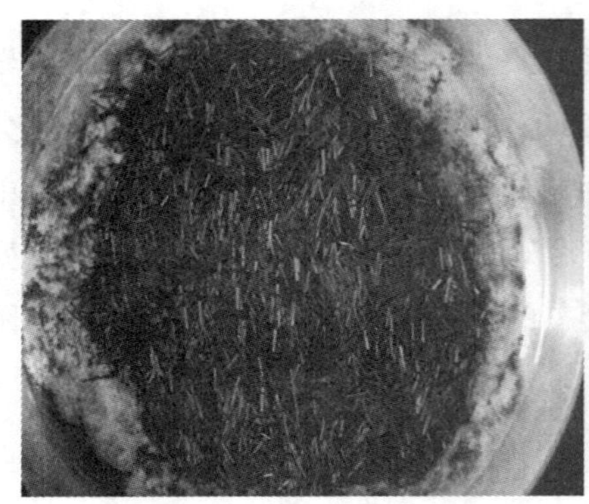

(e) 玄武岩纤维加热前

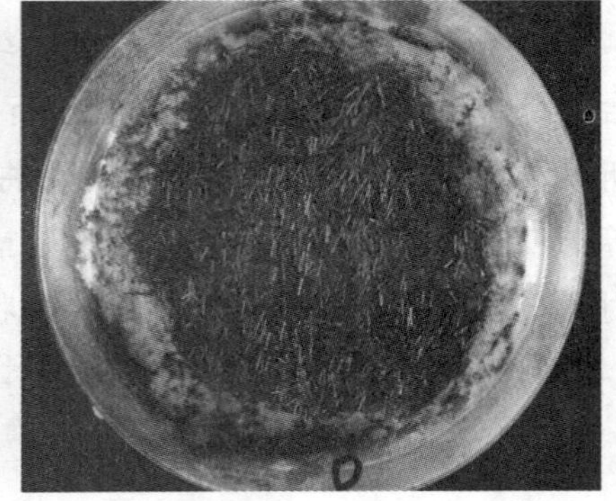

(f) 玄武岩纤维 210 °C，2 h 加热后

图 3-1 三种类型纤维加热前后外观变化

表 3-2　三种类型纤维物理力学性能加热前后试验结果

纤维种类	加热前质量/g	加热后质量/g	质量损失/%	外观变化
木质素纤维	15.01	9.74	35.1	颜色变黄
聚酯纤维	15.02	13.92	7.2	有部分蜷曲
玄武岩纤维	15.01	14.69	2.1	基本无变化

试验结果显示：经过加热后，木质素纤维质量损失方面最大，玄武岩纤维最小，聚酯纤维居中。玄武岩矿物纤维加热前后颜色无变化，聚酯纤维加热前后颜色变深且有部分蜷曲现象，末端变硬现象较为明显，而木质素纤维的颜色变黄。可见，耐高温性能最好的是玄武岩纤维，因为其属于矿物纤维，同粗细集料成分大致相同；其次为聚酯纤维、木质素纤维。加热后，木质素纤维外观状态和体积均发生了一定改变，表明其高温性能差，在高温下易发生形变和质变，稳定性较差；玄武岩纤维外观状态和体积几乎无变化，高温性能最好。

3.1.3　表面微观特征

纤维的表面微观特征对纤维吸附沥青能力以及沥青与集料之间的结合能力具有重要影响，进而会影响沥青混合料的高低温性能。

纤维的表面微观试验结果显示（图 3-2）：絮状木质素纤维呈不规则扁平状体乱向分布，质地较疏松，纤维表面存在许多空隙，并且内部呈中空结构，其加筋效果较差，但与沥青的物理吸附作用强。聚酯纤维呈细丝状，质地较密，表面较光滑，具有一定的加筋效果。玄武岩纤维呈圆柱状规则分布，表面较光顺，由于其在生产过程中析出微结晶体，可观察到表面存在少许凸起颗粒；玄武岩纤维成形过程中，熔融玄武岩被牵伸和冷却成固态的纤维前，在表面张力作用下收缩成表面积最小的圆形，纤维外表呈相对光滑的圆柱状，其截面呈完整的圆形。玄武岩纤维的该形状保证了其具有较高的抗拉强度和模量，玄武岩纤维表面的突起，似“触角”状有利于相互搭接且保持整体，便于“稳定”与“加筋”作用的发挥。可见，玄武岩纤维结构密实、空隙较少，吸油性相对较弱。

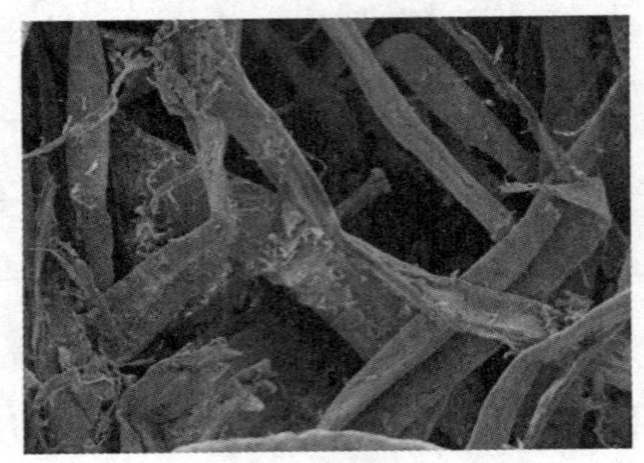

（a）木质素纤维

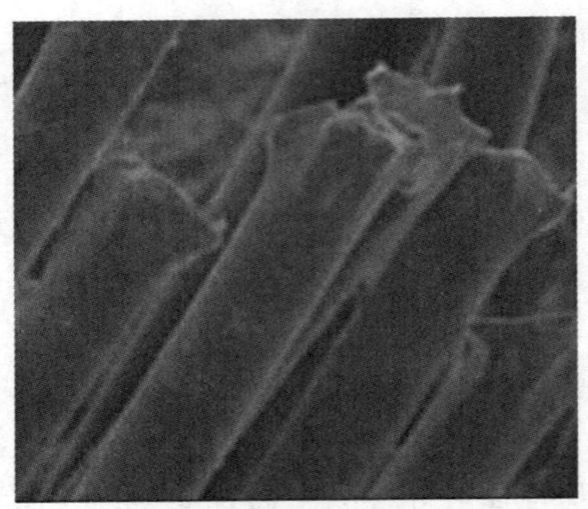

（b）聚酯纤维

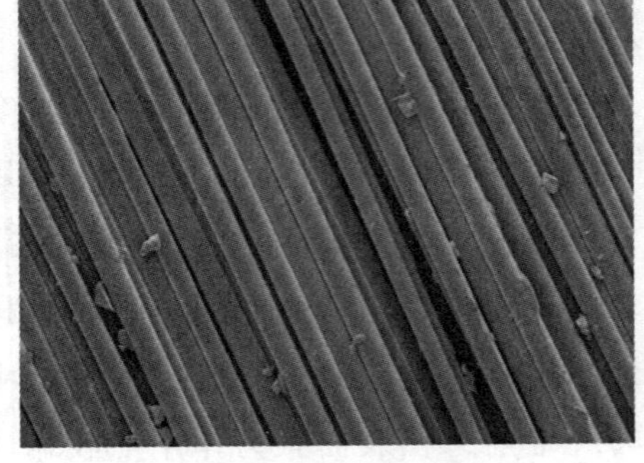

（c）玄武岩纤维

图 3-2　几种纤维微观结构

3.1.4 吸油率

纤维对沥青吸附作用的大小影响了沥青用量多少，纤维的吸油性能反映了纤维吸持沥青的能力。掺入纤维的沥青混合料要具有一定的吸油性，这样能够更好地与沥青胶浆相容，纤维吸油性能力的强弱，直接影响沥青的结构分层，吸收过多的沥青，可以改善沥青路面在夏季极端天气下的出油影响。纤维主要吸附沥青中的轻质组分，吸附后，沥青质和胶质含量相对增加，纤维表面形成结构沥青膜，沥青延伸性和黏结性得到提高，继而沥青混合料稳定性也大大改善。

吸油率高则表明纤维与沥青的兼容性好，有利于防止沥青在高温条件下发生离析与泛油现象，提高混合料的高温稳定性。采用了网篮试验（图 3-3）测定三种纤维的吸油率：3 种不同纤维各取 5 g（m_1），然后把其放入装有煤油的试验器具中进行搅拌，搅拌 10 min 后静放 5 min。选用合适的筛子（其孔径要保持不能漏掉纤维），试验之前称量纤维质量（m_2），然后再将纤维倒进筛子中，将筛子和纤维一起放入煤油中完全浸润 5 min 后再称取质量（m_3），分别计算 3 种纤维的吸油率。表 3-3 为玄武岩纤维与聚酯纤维、木质素的吸油率试验结果。

图 3-3　纤维吸油率测定仪

表 3-3 不同类型纤维的物理力学性能试验结果

纤维种类	m_1/g	m_2/g	m_3/g	吸油率
木质素纤维	5.01	105.39	151.27	8.16
聚酯纤维	5.02	105.26	150.25	7.96
玄武岩纤维	5.01	105.32	138.61	5.65

从表 3-3 可以看出，木质素纤维吸油率最大，吸附沥青的重量是其自身的 8.16 倍，主要是由于木质素纤维为中空管结构，可容纳更多的自由沥青，其在沥青混凝土中主要起吸附作用以减少沥青混凝土在高温时的析漏，加筋作用不明显，掺加木质素纤维对沥青混合料性能的提升并不明显。聚酯纤维吸附沥青的重量是其自身的 7.96 倍，玄武岩纤维吸附沥青的重量是其自身的 5.65 倍，聚酯纤维和玄武岩纤维主要依靠巨大的比表面积在纤维表面吸附沥青，实现自身加筋及增大沥青膜厚度，从而提高混凝土的高低温性能。由于聚酯纤维模量低、抗拉强度低以及吸附沥青性能不足，其加筋效果应劣于玄武岩纤维。规范要求纤维的吸油率不得低于自身重量的 5 倍，所以这三种纤维都满足现行规范要求。

3.1.5 吸水率

纤维的吸湿性能对纤维增强沥青混凝土具有重要意义。吸湿性大的纤维不仅存放时易吸水结团会降低拌和分散性，还会使纤维沥青界面产生湿胀，易造成沥青混凝土的水损害。

纤维吸湿能力太强，会导致纤维发生膨胀并团聚结块，直接拌和使用时会影响混合料路用性能，吸收的水分在混合料拌和时易导致局部受热不均产生热气泡，具有一定危险性，所以需要进行密封保存以及使用前除湿。同时，纤维吸湿能力过高，会导致混合料在使用过程中纤维与沥青的吸附能力下降，水损害等病害提前显现。为分析各种纤维的吸湿性能，进行了三种纤维的吸水率对比试验。吸水率的试验方法是：精确称量两份 100 g 玄武岩纤维，在相对湿度为 90%的保湿箱中放置 5 d，测纤维的吸水率。表 3-4 为玄武岩纤维与聚酯纤维、木质素的吸水率比较情况。

表 3-4　三种纤维吸水率比较

吸水率/%	木质素纤维	聚酯纤维	玄武岩纤维
	29.02	5.32	0.29

由表 3-4 可看出，木质素纤维吸湿能力最好，达到 29.02%，且吸湿试验前后，木质素纤维显著膨胀，且吸收的水分可以挤压出来，主要是因为木质素纤维取材于植物，植物的吸湿率就很高，并且吸水后还容易膨胀，所以呈现出较强的吸水率。聚酯纤维相比木质素纤维吸湿性下降很多，为 5.32%，经过吸湿试验后玄武岩纤维略微膨胀，表面湿黏感强，由于聚酯纤维是高分子聚合物纤维，其内部密实、空隙少，所以吸湿能力差，表面有略微湿润感。为了保证纤维的使用效果，纤维应该妥善保存，防潮防湿。玄武岩纤维吸水率最小，仅为 0.29%，所以玄武岩纤维由于不吸水也不怕潮，便于运输和储存，有助于抑制沥青膜氧化老化及有助于沥青膜与集料的黏合而抑制路面水破坏。

沥青混合料必须要有良好的水稳定性。掺入纤维的沥青混合料吸湿性不能太大，否则沥青混合料中的纤维无法拌和均匀，同时水分太多会使沥青混合料内部出现多余的水分，会增大沥青混合料水损害的不良影响，因此沥青路面用纤维应具有较低的吸水率。

3.1.6　化学稳定性

化学稳定性是指纤维抵抗水、酸、碱等介质侵蚀的能力，通常以受侵蚀前后的质量损失和强度损失来度量。表 3-5 为玄武岩纤维在不同介质中煮沸 3 h 后的质量损失率及在不同介质中浸泡 2 h 后的强度保留度。

表 3-5　玄武岩纤维化学稳定性测试结果

煮沸 3 h 后质量损失率/%		浸泡 2 h 后强度损失率/%	
NaOH	HCl	NaOH	HCl
4.9	2.1	70.6	85.2

玄武岩纤维作为一种无机非金属材料，具有突出的化学稳定性，在水、酸、碱腐蚀介质中具有高耐蚀性和高化学稳定性，该特性为玄武岩纤维在沥青路面等经常受到高湿度、酸、碱类介质作用的结构中的应用开辟了广阔的前景。

3.2　纤维增强沥青混合料性能的作用机理

沥青的弹性模量和黏度是决定沥青路面高温变形的根本，必须予以提高。复合材料化是指在原有材料中增加额外的物体，如纤维等，各自物理性质不变而形成新的材料。主要表现在:

（1）纤维与沥青混合料是以物理混合形式存在，两者完全是独立存在的、互不发生作用、物理性质独立，复合材料具备把基体材料和纤维材料各自的优点叠加起来的优势。纤维对于沥青来说可以同时“增弹”“增强”和“增韧”。

（2）纤维的加入量不受沥青基体材料物理性质的限制。

（3）沥青纤维混合料的性能受纤维的加入量的影响，可以通过纤维加入量来改善沥青混合料性能，以满足不同的使用要求。

纤维增强沥青混合料性能的作用机理体现在吸附作用、稳定作用、加筋作用、增强作用、增韧作用、自愈作用等方面。

3.2.1　吸附作用

吸附作用主要表现在纤维对沥青的吸附上。纤维掺入沥青之中，直径很小（15 μm以内）的纤维被分散到沥青中，为沥青浸润提供了较大的比表面积，在这个表面上，纤维将吸附大量沥青，形成具有一定厚度且结合力较自由沥青牢固的“结构沥青”界面层。界面层主要起到连接两相、传递、缓冲两相间应力的作用，它是影响整个纤维沥青材料物理、力学性能的关键。

沥青中的酸性树脂组分是一种表面活性物质，能与纤维表面产生吸附作用、物理浸润作用，有时也存在化学键作用，这些作用使单分子状排列的沥青在纤维表面形成结合力牢固的界面层结构沥青，如图3-4所示。

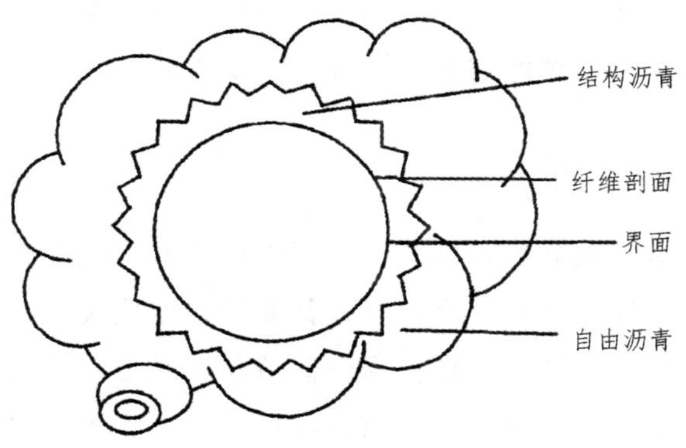

图3-4　纤维与沥青界面作用示意图

与界面层以外的自由沥青相比，结构沥青与纤维相互挤压，使其形成裹覆状态，界面层结构沥青黏性大、耐热性好、温度敏感性低。纤维因其直径小，连同其周围的结构沥青被一同裹覆于集料表面，从而使集料表面的沥青膜厚度变大。较厚的沥青膜能长时间维持沥青的黏弹性，减慢沥青的老化，降低其温度敏感性，改善沥青混合料的高低温性能，延长路面的使用寿命。

3.2.2　稳定作用

纤维在沥青基体内呈三维随机分布。在掺量不大时，纤维就可以在沥青基体内形成纵横交错的纤维空间网络。分散的纤维与沥青相互作用，形成较厚的沥青膜，纤维与沥青混合料形成相互交错的结构沥青网，不但增大了混合料内结构沥青的比例，减少了自由沥青的数目，而且增大了纤维沥青胶浆的黏稠度，提高了黏结性能，降低了温度敏感性，减小了高温时劲度下降幅度，大幅度提高了纤维沥青混合料的高温稳定性，减少了沥青混合料中自由沥青会被挤压流出的现象。

由于纤维对沥青具有稳定作用，因此可在沥青混合料中使用稠度较低的沥青，有利于减少路面中低温裂缝的出现，对沥青路面的低温抗裂性能是很有利的。

因此，纵横交错的纤维形成的纤维骨架网和结构沥青网对沥青混合料的高温性能及低温性能均有不同程度的改善。

3.2.3 加筋作用

沥青混合料是依靠沥青的黏结作用将粗集料、细集料及矿粉等散体类材料黏合在一起构成的复合材料，其断裂强度取决于基体的强度，抗拉强度相对较低。当沥青混合料受到荷载作用时会产生裂纹，裂纹尖端因发生应力集中而使裂纹扩展，当裂纹尺寸达到临界值时即出现失稳扩展，产生较大的裂缝直至断裂破坏。

纤维增强沥青混合料中的纤维分散在沥青基体，纤维通过沥青黏结在集料之间，形成三维网状结构，增大了集料的内摩擦角；同时，纤维在沥青混合料中三维分散存在，搭接在结构沥青之间，使自由沥青变少，增加了沥青胶浆的黏聚力。因此，掺加纤维提高了沥青混合料的抗剪强度。在外力作用下，当混合料内部缺陷位置开始萌生微裂纹时，周围分布的大量短切纤维将起到约束裂纹或材料缺陷进一步扩展的作用。由于增强纤维抗拉强度高、模量高，纤维网作为更强大的第二连续相在沥青破坏时仍能维持体系的整体性，在一定程度上起到承担应力、阻止沥青进一步开裂的作用，并因发生多缝开裂模式而达到提高混合料变形能力的效果。同时，如图 3-5 所示，在外力作用下，裂纹周围存在着众多约束方，三维随机分布的各向短纤维阻滞了裂纹的扩展，延长了材料失稳扩展和断裂出现的时间，因而改善了纤维沥青混合料的抗疲劳性能。

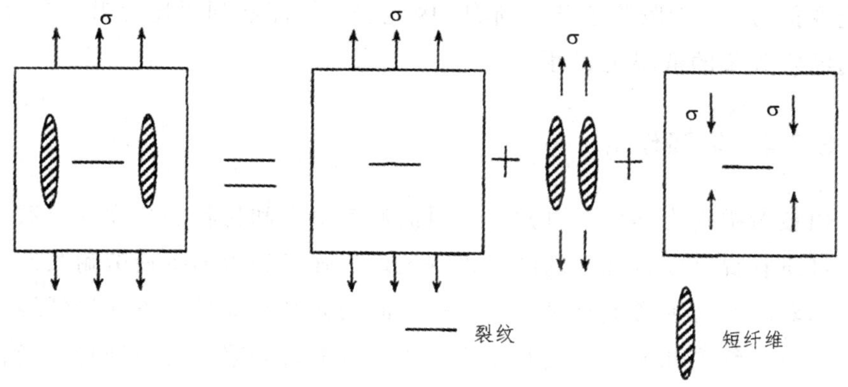

图 3-5　纤维阻滞沥青裂纹扩展模型示意图

因此，复合材料的主要破坏机制包括材料变形和断裂，在外力作用下，由材料内部产生裂缝并逐渐扩展，最终造成材料的破坏。从复合材料角度来看，纤维在沥青胶浆中能与沥青产生相互交联作用，从而对沥青的断裂起到阻止作用。

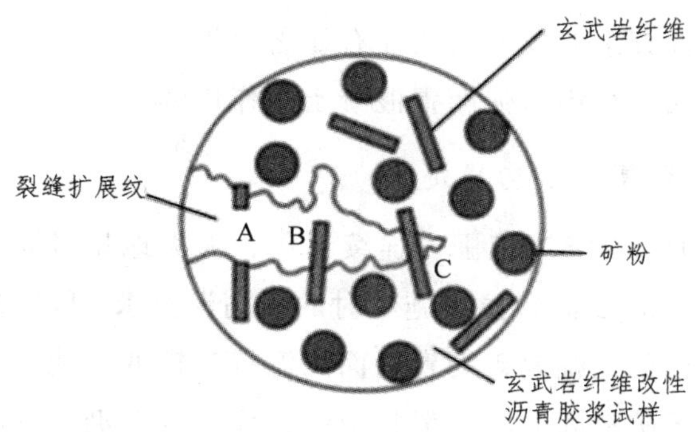

A—纤维断裂；B—纤维拔出；C—纤维阻裂。

图 3-6　纤维阻裂示意图

如图 3-6 所示，纤维对沥青胶浆的阻裂作用主要表现为：在低温条件下，沥青较显脆性，纤维在沥青胶浆中呈三维乱向分布，与沥青呈两相介质关系，显著提升了沥青胶浆的断裂能，只有当纤维承受力达到断裂应变值时，沥青胶浆才开始断裂，因此岩纤维能起到明显的阻裂效果，提高沥青胶浆的低温抗裂性。

3.2.4 增强作用

由疲劳损伤力学模型可知，材料的疲劳寿命和材料的强度呈指数关系，纤维在提高沥青强度的同时也有效地增强了沥青的抗疲劳耐久性。在矿粉和纤维与沥青混合过程中，矿粉间的介观空隙被沥青和岩纤维填充，沥青与纤维和矿粉的交互作用形成结构沥青胶浆和自由沥青。沥青是一种对温度较敏感的材料，沥青自身的强度会随着周围温度的升高而急剧下降，因此纤维对沥青性能的影响效果在高温时更明显。在道路工程实际应用中，重载车辆的反复碾压作用容易导致沥青路面的疲劳破坏，由于集料的自身强度明显比沥青胶浆的强度高，因此提高沥青胶浆本身的强度和疲劳性能对延长路面使用寿命具有非常重要的作用。纤维在沥青胶浆中起到的增黏、阻裂等作用，可以显著提升纤维沥青胶浆的强度，同时对提高沥青胶浆的疲劳耐久性有显著效果。

可见，玄武岩纤维增强沥青混凝土的作用体现在：

1. 突出的耐高温结构稳定性

可在 –269 ~ 650 °C 范围内连续工作，大大地超过沥青工作要求范围，完全适应 190 °C 沥青搅拌施工时的耐高温要求，同时纤维本身优异的耐高温性能也可大幅改善沥青路面高温抗车辙变形能力。混合料高温变形主要是由于矿料间的相对滑移引起，而纤维对沥青的稳定作用可对这种滑移起到有效的阻碍和约束作用，从而增强了矿质骨料的相对稳定性，减小了剪切变形和竖向变形的产生。另外，玄武岩纤维的耐低温性能还能提高沥青路面低温抗裂能力。

2. 较高的弹性模量及适宜的断裂延伸率

玄武岩纤维能够提高沥青混凝土弹性变形恢复能力，减少永久塑性变形及裂纹的产生。

3. 天然的硅酸盐相容性与优越的疲劳耐久性

玄武岩纤维属硅酸盐材料与沥青有很好的表面亲和力，且纤维表面呈毛绒状，极易吸附沥青，可形成结合力牢固的结构沥青界面层，可增加沥青油膜厚度，从而改善沥青路面的抗氧化老化性能。因玄武岩纤维抗紫外线强，可提高疲劳常数，所以能大幅提高沥青路面混合料疲劳耐久性与抗老化性，是一种理想的沥青路面增强纤维。

4. 突出的化学稳定性

玄武岩纤维是一种无机非金属材料，具有高耐腐蚀性和高化学稳定性，不会与沥青发生化学反应。

5. 水稳定性好

玄武岩纤维由于吸水率低也不返潮，加入沥青混凝土中，矿料表面有效沥青膜厚度均有所增厚,这有效阻止了水对沥青与矿料界面的渗透，而且在纤维的表面吸附作用下，沥青中的轻组分物质多吸附在纤维表面而使沥青变稠，使沥青与矿料间的界面作用更强烈。

6. 高强度的加筋桥接作用

可大幅度提高沥青混合料的抗拉强度及韧性。短切玄武岩纤维在沥青中相互搭接，形成桥接纤维网络，均匀分布的纤维通过“桥接”和“加筋”作用使路面上传递的荷载转移，及时地分散到矿质骨料和沥青胶砂中，使得荷载分布扩散更加均匀，避免了荷载的过分集中，从而提高了混合料的整体强度。大大提高了抗车辙能力。

3.2.5 增韧作用

纤维的增韧作用是指在外应力大于材料本身的强度时增大材料的

塑性变形量。韧性表征材料韧度的大小取决于两个方面：一是材料本身的强度，二是材料破坏时的变形大小。材料的强度高，但变形能力低，或变形能力高但强度低，都不具有良好的韧性，其抗裂性能就会较差。

沥青混合料的黏弹性特征决定了其随温度变化的特性。因此，在不同温度时其韧性也会受到影响。低温时，混合料的强度高，变形能力低，在行车荷载及温度应力作用下会因抗变形能力不足而发生开裂。高强度、高模量的玄武岩纤维掺入到沥青混合料中后，一方面增强了混合料的整体强度，另一方面当混合料受到荷载作用时，裂纹尖端因发生应力集中而使裂纹得到扩展，建立新表面时应力的重新分布等需要消耗能量，纤维被拔出时也需要额外的能量，即产生了复合体的增韧效应，从而提高了沥青混合料的抗变形能力，改善了沥青混合料的低温抗裂性能，增强了混合料的抗疲劳性能。

纤维增韧的力学原理完全不同于增强原理。纤维的增韧作用与纤维本身的强度和韧性没有任何关系，其主要源自材料性质差异在界面上所形成的残余应力应变场以及由于其他原因而产生的显微裂纹。这种残余应力应变场主要来自纤维、基体材料因膨胀系数的不同而产生的巨大差异，或者是当温度达到一定程度时纤维发生膨胀而发生体膨胀。残余应力应变场可消除一部分荷载，可以降低裂纹扩展时在裂纹的尖端产生的应力集中。纤维加入量越大，纤维与沥青的热膨胀系数差异越大，则韧性增加就越大。因此对沥青来说，增韧纤维必须与沥青有明显的热膨胀系数差异，否则不能产生增韧效果。增韧效果与纤维的加入量成正比。增韧效果与纤维本身的强度和韧性无关。

3.2.6 自愈作用

沥青混合料作为一种黏弹性材料，具有应力松弛特征。在行车荷载的往复作用下，混合料内部产生的应力会随时间的延长逐渐松弛减小，沥青路面内部会出现不同程度的破坏。掺入纤维后，当沥青混合料受到外力作用发生断裂时纤维对裂纹扩展起到了阻滞作用，加筋、增韧效果明显。外界应力作用卸载时，纤维的弹性变形将得到恢复，纤维的收缩将促使沥青混合料恢复原来的形态，增强混合料的自愈能力，减小了外力导致的损伤。

3.3 纤维沥青混合料性能与改性沥青性能的比较

1. 增黏作用的比较

与沥青一样，SBS 等改性剂本身也是一种黏弹性材料，合金化后将完全溶解于沥青中。SBS 等改性剂的增黏作用一是由其加入量和分子量的大小来决定，二是与温度有关。由于改性剂加入量受到沥青溶解度的限制，因此，增黏作用受到限制，而纤维加入量不受限制，故增黏作用不受限制。纤维增黏因子与温度无关，而改性剂的增黏因子与其本身的黏度一样，随温度升高而降低。从沥青路面抗变形的实际要求来看，希望对沥青高温增黏，而改性剂对高温增黏的作用却随着温度增高而急剧降低。从沥青路面低温抗裂的要求来看，希望低温时不增大沥青的弹性模量和黏度，可改性剂随温度降低反而急剧增大沥青的黏度，损害沥青的低温韧性。

因此，从性质上讲，纤维是良性的增黏材料。由于掺加纤维起到了增弹、增黏的作用，对解决早期损害中的车辙问题必将起到良好的作用效果。在高温下，纤维增大沥青黏度的作用明显优于改性剂。

2. 增强增韧作用的比较

相对于普通沥青混合料而言，掺加了 SBS 改性剂的沥青混合料能够使沥青混合料的屈服强度提高 10%左右。由于加入量的限制，其增强作用达到极限。但是，纤维对于沥青混合料的增强作用的限制非常小，随着纤维加入量的增大，增强作用也跟着增大。加入 0.5%矿物纤维，可提高混合料屈服强度及韧性 50%以上。屈服强度的有效提高将使蠕变变形强度与蠕变破坏强度得到更大的提高。蠕变变形强度的大幅提高将极大降低沥青路面的蠕变变形而提高抗车辙变形能力。蠕变破坏强度的大幅度提高则将较大程度减少沥青路面的蠕变损伤，从而提高沥青路面的疲劳寿命。低温试验表明，0.5%的矿物纤维就可以使沥青混合料在低温情况下的应变提高大约 50%，这充分表明了矿物纤维能够有效地提高沥青的韧性。

3. 提高疲劳寿命的比较

由于纤维增强作用明显优于改性剂，纤维提高沥青疲劳寿命的作用将显著优于改性剂。

（1）掺加纤维改善沥青性能是一种复合材料原理，完全不同于沥青改性的合金化原理。改性剂加入量受到了基质沥青溶解度的限制，也必须提高沥青的拌和施工温度才能使改性剂均匀溶入沥青。掺加纤维不受沥青材料物理性质的任何限制，也无须提高拌和施工温度。

（2）纤维沥青混合料是一种有效地提高沥青性能的手段和材料科学方法。纤维沥青混合料的各种材料参数如黏度、模量、强度、韧性及疲劳寿命等与纤维加入量成线性正比关系，这使得控制和调整沥青及沥青混合料性能成为现实可能，沥青混合料的分级设计以满足不同的荷载和气候要求也完全可以实现。

（3）关于增强和增韧作用，纤维的增强增韧作用效果是改性剂无法比拟的，某些改性剂甚至会损害沥青的低温韧性。由于纤维的增强增韧效果与纤维加入量成正比，因此纤维复合材料化解决沥青路面裂纹和早期水损害是一种可行的材料技术手段。

（4）由于纤维的增强作用明显优于改性剂，而材料的疲劳寿命与强度成指数正比关系，因此纤维提高沥青混合料疲劳寿命的效果将优于改性剂。

3.4 纤维的选择

目前，应用于道路工程中的纤维种类繁多，纤维沥青混合料中纤维的选择不仅要满足沥青混合料的路用性能，同时还要考虑到经济性及耐久性。因此，纤维的选择原则如下：

1. 自身强度

为使纤维在沥青混合料中的应用达到工程要求，纤维与沥青混合料两者的强度和模量应匹配。纤维本身的强度过大不利于混合料性能的改善，太小会导致混合料的总体强度也将较小，混合料的性能得不到实质性的改进。

2. 吸附能力

纤维吸附沥青的能力主要与其组成结构、比表面积、表面粗糙程度等因素有关。有关纤维吸附沥青的能力对混合料性能的影响，有人认为混合料的自由沥青滴落与纤维可持沥青能力有关，纤维可持沥青能力越强，自由沥青析漏量越小；也有人认为纤维吸附较多的沥青后无法形成有效的沥青膜，会导致混合料变脆，成本提高并造成沥青浪费。对于纤维的选择，应根据混合料的类型而定。

3. 在沥青混合料中的分散性

纤维在沥青混合料中的分散性对其力学性能有很大影响，纤维的均匀分散有利于混合料路用性能的改善。因此，较好的分散性是选择纤维的重要指标。松散的木质素纤维在沥青混合料中的分散性较差，吸水受潮后分散性更差。聚酯纤维和玄武岩纤维在沥青混合料拌和中分散性较好。

4. 与混合料的桥接、黏结

纤维与沥青混合料的黏结与桥接作用是选择纤维的重要因素。纤维与沥青具有较好的黏结性才能确保纤维在受到外界拉力时不会被拔出，同时纤维可以传递混合料内产生的拉应力，起到阻裂、加筋以及桥接的作用，改善混合料的低温抗裂性、高温稳定性、耐疲劳特性和耐水性。

5. 沥青路面路用性能的优劣

纤维可以改善沥青混合料的高温稳定性、低温抗裂性、水稳定能，但不同的纤维在综合改善性能方面差异较大。

3.5 本章小结

（1）系统分析了路面常用三种加筋纤维（木质素纤维、聚酯纤维、玄武岩纤维）的力学性能、耐高温性能、表面微观特征、吸油率、吸水率及化学稳定性。结果表明，抗拉强度方面：木质素纤维 < 聚酯纤维 < 玄武岩纤维；加热后的质量损失率方面：木质素纤维 > 聚酯纤维 > 玄武岩纤维；吸油率方面：木质素纤维 > 聚酯纤维 > 玄武岩纤维；吸水率方面：木质素纤维 > 聚酯纤维 > 玄武岩纤维。

（2）从吸附作用、稳定作用、加筋作用、增强作用、增韧作用、自愈作用等几方面分析了纤维增强沥青混合料性能的作用机理，对比分析了纤维沥青混合料性能与改性沥青性能，初步确定了路面用纤维的选择原则。

第 4 章

PART FOUR

纤维材料对沥青胶浆工程性能影响研究

沥青胶浆由沥青结合料、矿粉组成，作为沥青混合料的重要组成部分，在沥青混合料中起到填充和黏结作用，对沥青混合料的性能影响较大。根据 SHARP 研究结果，沥青与矿粉对于高温车辙的贡献率为 29%，对疲劳的贡献率为 52%，对温度裂缝的贡献率为 87%。

矿粉是沥青胶浆中的另一个重要组成部分。研究表明，在沥青混合料中，沥青只有吸附在填料（主要是矿粉）表面形成薄膜，并且和填料混合形成胶浆后，才能对粗、细集料产生较好的黏附作用。同时研究表明，沥青中的某些酸性成分会和矿粉发生化学反应，从而提高沥青胶浆的黏结力，使胶浆可以更好黏附集料。填料的比表面积越大，则裹敷的沥青膜越薄，结构沥青比例也就越高，集料之间的黏结性也就越强。因此，矿粉和沥青的比例在很大程度上影响着沥青胶浆的性能，进而影响沥青混合料的性能。

纤维改性沥青胶浆是将强度和弹性模量较低的沥青作为基体，纤维作为改性剂，矿粉作为填料，在三者组成的沥青胶浆中呈三维乱向分布，三者的相互作用直接影响纤维沥青胶浆的性能。矿粉间的介观空隙被沥青和纤维填充，由于胶浆中空隙减少，导致沥青胶浆黏度增加。

本章通过针入度试验、软化点试验和旋转黏度试验分析玄武岩纤维、聚酯纤维、木质素纤维改性沥青胶浆的高温性能；通过延度试验和弯曲流变试验分析三种纤维改性沥青胶浆的低温性能。其中，沥青采用 SBS 改性沥青。

4.1 纤维改性沥青胶浆的作用机理

纤维对沥青胶浆的贡献主要体现在增黏效应和加筋效应。

4.1.1 增黏效应

在沥青胶浆中，矿粉的增黏效应较差。基于复合材料混合率理论，纤维掺入沥青胶浆后，与矿粉等形成三维乱向分布状态，其中纤维阻止沥青流动，增加黏度。纤维的增黏效应受其长度和长径比的影响较大。周围温度的升高会导致沥青自身黏度降低，掺入纤维后可以有效提高高温条件下沥青胶浆的黏度和沥青混合料的抗车辙能力。

4.1.2 加筋效应

基于断裂力学，复合材料的破坏主要包括材料变形和断裂，在外力作用下，材料内部产生的裂缝逐步扩展后最终导致材料破坏。由于纤维在沥青胶浆中的三维乱向分布，形成加筋效应。沥青在低温条件下的脆性破坏会由于纤维的加筋效应提升沥青胶浆的断裂性能，进一步提高沥青胶浆的低温抗裂性。

4.2 玄武岩纤维改性沥青胶浆微细观研究

4.2.1 微观研究

为了进一步探究玄武岩纤维改性沥青胶浆的作用机理，更全面细致地分析玄武岩纤维在沥青胶浆中的分布情况和对胶浆的阻裂加筋效果，本研究选用 Phenom Pro 飞纳台式扫描电子显微镜（图 4-1），对纤维沥青胶浆断口进行电镜扫描微细观分析，扫描结果如图 4-2 所示。

图 4-1　台式扫描电镜

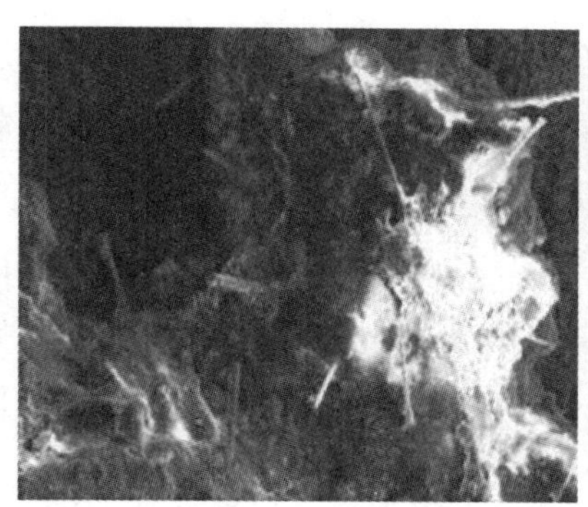

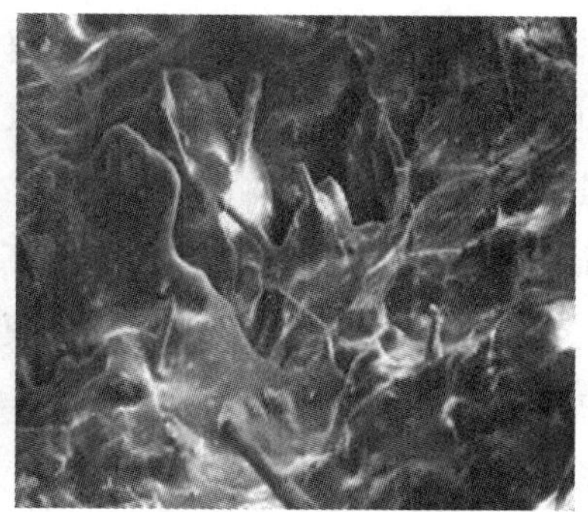

（a）玄武岩纤维在胶浆中的“锚固”作用

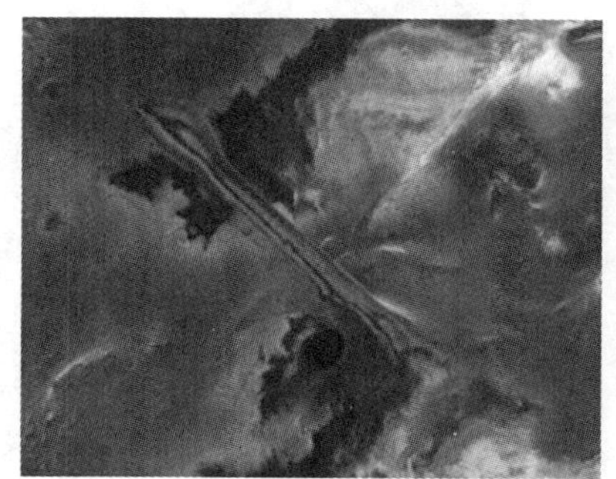

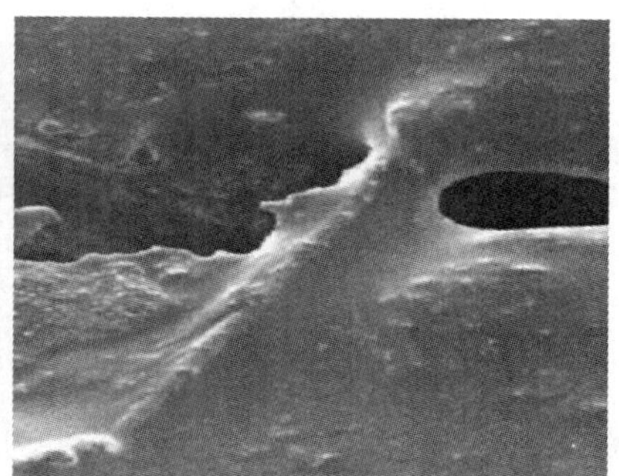

（b）玄武岩纤维在胶浆中的“桥接”作用

图 4-2　玄武岩纤维沥青胶浆微细观图

由图 4-2 可以看出，在低温延度拉拔断口中，玄武岩纤维在拉拔过程中未出现断裂情况，说明玄武岩纤维抗拉强度高，可以有效阻止沥青胶浆裂缝发展。玄武岩纤维在沥青中呈三维乱向分布状态，能够对沥青胶浆起到一定的加筋和增韧的作用。玄武岩纤维在沥青胶浆中与沥青紧密黏结，起到明显的桥接作用，从而减缓沥青胶浆裂缝的发展。因此，玄武岩纤维能够通过“锚固”“桥接”等作用增强沥青胶浆抗拉强度，减缓其裂缝的产生，并提高胶浆性能和使用寿命。

4.2.2 细观研究

将沥青胶浆看作成一种无机复合材料体系，其中沥青作为基体，强度和弹性模量较低，而矿粉和玄武岩纤维作为改性剂和填料，具有较高的强度和弹性模量。由于三者的性质不同，在三者组成的沥青胶浆中呈三维乱向分布，三者的相互作用直接影响玄武岩纤维沥青胶浆的性能，因此建立常规沥青胶浆细观结构模型（图 4-3），与玄武岩纤维在沥青胶浆中和矿粉的分布结构模型（图 4-4）对比，分析玄武岩纤维改性沥青胶浆中纤维的改性机理。

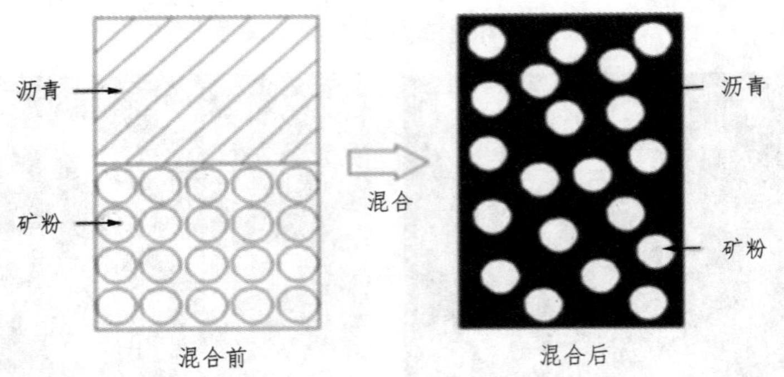

图 4-3 常规沥青胶浆微观结构模型示意图

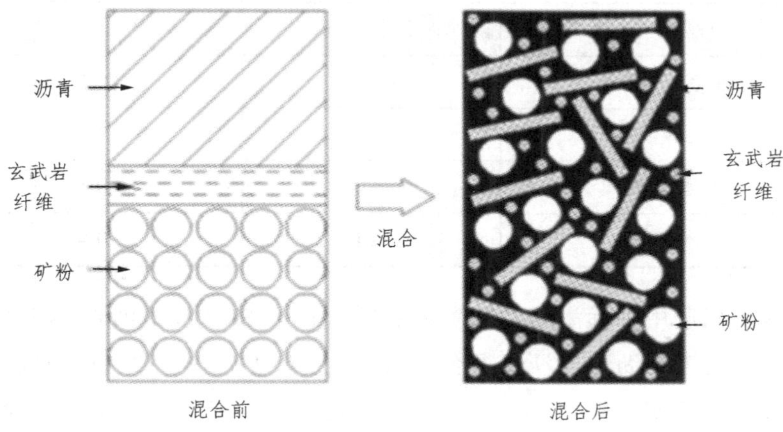

图 4-4 玄武岩纤维改性沥青胶浆微观结构模型示意图

由图 4-3 可以看出，矿粉作为一种添加剂，在沥青中自由分布排列，一定程度地提高了沥青的强度，但由于矿粉与矿粉间隙较大，且矿粉与沥青两者作用单一，使得常规沥青性能较低。由图 4-4 可以看出，矿粉和玄武岩纤维在高温条件下与沥青混合为沥青胶浆，矿粉、纤维和沥青之间的相互作用复杂，可能存在三者不同程度的物理混合、化学混合以及网络填充等情况。从宏观上看，玄武岩纤维与矿粉和沥青在高温条件下表现为：矿粉吸收一部分沥青后体积发生膨胀，并与玄武岩纤维相互交裹，形成凝胶层，从而增加胶浆黏度；从微观上看，玄武岩纤维和矿粉与沥青拌和后，矿粉间的介观空隙被沥青和玄武岩纤维填充，而矿粉的结构并未破坏，同时由于胶浆中空隙减少，导致沥青胶浆黏度增加。

4.3 材料性能指标

玄武岩纤维、聚酯纤维和木质素纤维的技术参数见表 3-1。

矿粉为石灰岩矿粉，其基本技术指标见表 4-1。

表 4-1 实测矿粉技术指标

矿粉指标	规范要求	检测值
表观密度/（g/cm^3）	≥2.5	2.73
塑性指数/%	<4	3.1
亲水系数	<1	0.5
含水率/%	≤1	0.4

本研究选用中远海运国际贸易有限公司的 SBS 改性沥青，按照试验规范《公路工程沥青及沥青混合料试验规》（JTG E20—2011）对沥青进行针入度、延度、软化点及其他一些物理化学性能测试试验，试验结果见表 4-2。

表 4-2 SBS 改性沥青技术指标

<table>
<tr><th colspan="2">沥青指标</th><th>规范范围</th><th>检测值</th></tr>
<tr><td colspan="2">针入度（25 °C）/0.1 mm</td><td>40 ~ 60</td><td>54</td></tr>
<tr><td colspan="2">针入度指数 PI</td><td>≥0</td><td>0.05</td></tr>
<tr><td colspan="2">延度（5 °C）/cm</td><td>≥20</td><td>36</td></tr>
<tr><td colspan="2">软化点 TR&B/°C</td><td>≥60</td><td>79.0</td></tr>
<tr><td colspan="2">闪点/°C</td><td>≥230</td><td>324</td></tr>
<tr><td colspan="2">溶解度/%</td><td>≥99</td><td>99.4</td></tr>
<tr><td colspan="2">弹性恢复（25 °C）/%</td><td>≥75</td><td>99</td></tr>
<tr><td rowspan="3">旋转薄膜加热实验</td><td>质量损失/%</td><td>≤1</td><td>0.11</td></tr>
<tr><td>残留针入度比（25 °C）/%</td><td>≥65</td><td>77.8</td></tr>
<tr><td>残留延度（5 °C）/cm</td><td>≥15</td><td>21.0</td></tr>
</table>

4.4 纤维改性沥青胶浆的制备

在沥青混合料的拌制中，沥青胶浆技能黏结粗细集料，又能使矿料保持稳定性，因此沥青混合料的路用性能会受到沥青胶浆性能的影响。而纤维作为一种添加材料，其与矿粉和沥青形成沥青胶浆的性能会影响纤维在沥青混合料中的改性效果。首先将 SBS 改性沥青放于 170 °C 烘箱内加热至充分融化，随后称取烘干至恒重的矿粉和纤维加入 SBS 改性沥青中，并不停搅拌，保证纤维和矿粉均匀散布在沥青中。将纤维和矿粉加入沥青中会使沥青胶浆更加黏稠，经过搅拌后纤维和矿粉均匀分布于沥青胶浆中，无结团现象。试验中，粉胶比为 1.0，纤维的掺量为沥青质量的 0%、2%、4%、6%。

4.5 高温性能——针入度试验

纤维对沥青黏稠度有一定的影响。为研究纤维掺量对胶浆黏稠度的影响，进行针入度试验，按照混合料试验规程进行试验，测试每种纤维掺量下针入度情况，试验结果如表 4-3 和图 4-5 所示。

表 4-3　针入度试验结果　　　　单位：0.1 mm

纤维掺量	玄武岩纤维	聚酯纤维	木质素纤维
0%	90.3	90.3	90.3
2%	70.2	72.6	75.0
4%	60.5	65.2	68.3
6%	56.8	58.6	65.7

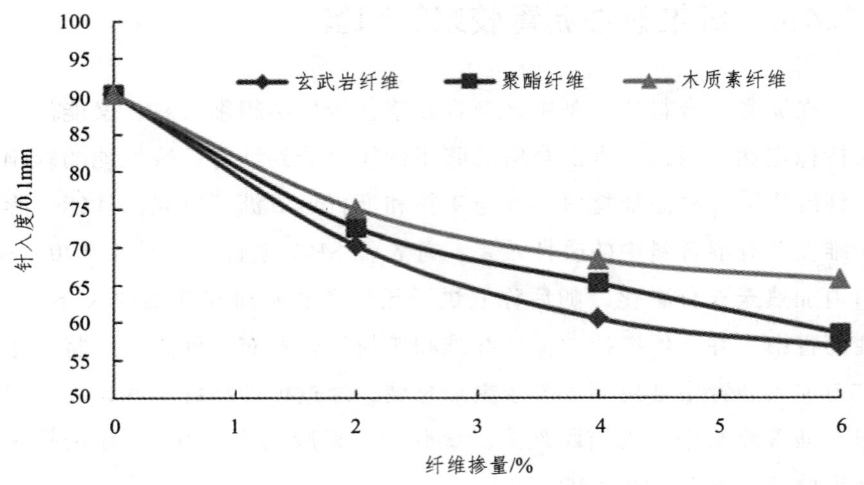

图 4-5 沥青胶浆针入度随纤维掺量的变化试验结果

由图 4-5 可得出，无论掺入何种纤维，沥青胶浆的针入度都会随着纤维掺量的增加而变化，即针入度都会降低，只是降低的程度不一样，说明三种纤维都可以增大沥青胶浆的稠度。这是由于纤维均布分散在沥青混合料中，与集料、沥青形成纤维网络，限制了沥青胶浆的流动性，增大了沥青的稠度，降低了沥青胶浆的感温性，所以针入度降低。通过分析三种纤维掺量对沥青胶浆针入度的影响可以得出，玄武岩纤维对沥青针入度的影响最大，随着纤维掺量的增加，针入度降低的程度最大，可以认为玄武岩纤维具有更显著的增黏效果。

4.6 高温性能——软化点试验

沥青作为一种复杂的混合物，其强度会随着温度的升高逐渐降低，没有自身固定的熔点。软化点是评价沥青基本性能的指标之一，软化点越高表明沥青自身强度受温度影响小，沥青高温稳定性越好。因此，软化点常用来评价沥青的高温性能。

纤维的掺加对沥青胶浆的高温性能有所影响，采用软化点试验研究纤维掺量对沥青的影响。按照环球法试验规程进行试验，测试每种纤维掺量下软化点情况，试验结果如表 4-4 和图 4-6 所示。

由图 4-6 可以得出，纤维对沥青胶浆的软化点有一定的影响，随着纤维掺量的增加影响效果越来越显著，且不同种类的纤维影响效果也不同。随着纤维掺量的增加沥青胶浆的软化点逐步升高，说明沥青胶浆的高温稳定性提高。这是由于纤维掺入后，由于纤维胶浆的比表面积增大，形成了稳定的结构沥青膜，沥青胶浆的结构发生变化，从而提高了其高温稳定性。不同类型的纤维影响效果不同，就软化点提升效果而言，在每种纤维掺量的条件下，玄武岩纤维 > 聚酯纤维 > 木质素纤维。可见，玄武岩纤维对改善沥青高温性能的效果最显著，聚酯纤维次之，影响效果最少是木质素纤维。

表 4-4 软化点试验结果 单位：°C

纤维掺量	玄武岩纤维	聚酯纤维	木质素纤维
0%	50.3	50.3	50.3
2%	52.9	52.4	51.6
4%	58.2	57.1	55.2
6%	62.3	60.8	58.1

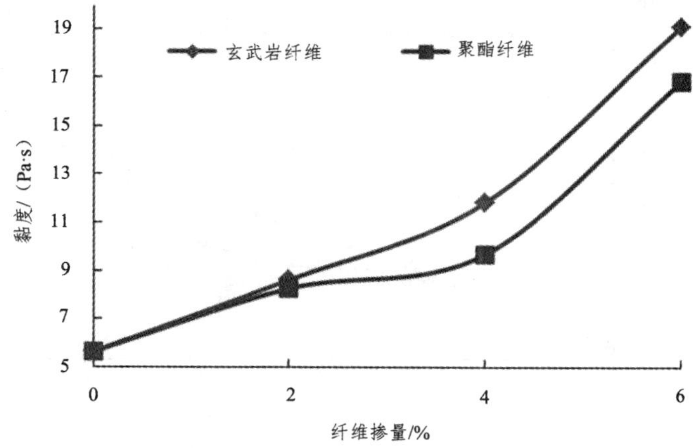

图 4-6 沥青胶浆软化点随纤维掺量的变化试验结果

4.7 高温性能——旋转黏度试验

沥青黏性是沥青材料在外力作用下，沥青粒子之间产生相对位移时抵抗变形的性质。沥青的黏性通常用黏度表示。黏度作为沥青的一种力学性能指标，反映了沥青在流动时抵抗内部分子间摩擦阻力的能力，黏度越大，沥青黏结能力越强，沥青路面力学性能越强。因此，沥青的黏度可以作为评价其高温性能的重要指标。

为研究玄武岩纤维和聚酯纤维沥青胶浆的黏度特性，采用旋转黏度仪测试不同纤维掺量下的 SBS 改性沥青胶浆 135 °C 旋转黏度，结果见表 4-5，图 4-7 为 SBS 改性沥青胶浆黏度对比图。

表 4-5 SBS 改性沥青胶浆黏度试验结果 单位：Pa·s

纤维掺量	玄武岩纤维	聚酯纤维
0%	5.63	5.63
2%	8.61	8.25
4%	11.82	9.68
6%	19.10	16.82

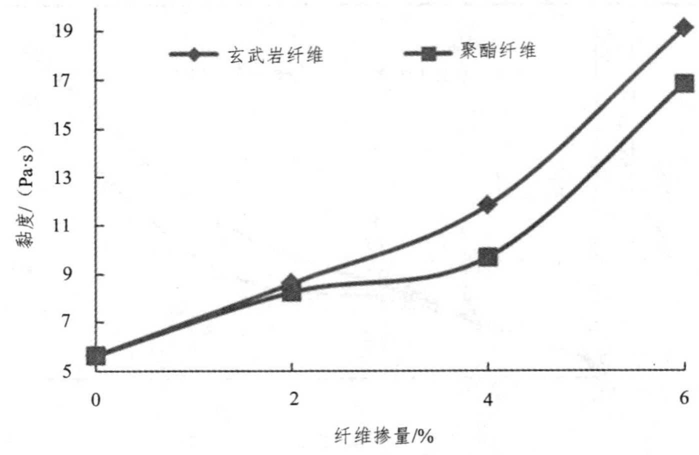

图 4-7 纤维掺量对沥青胶浆黏度的影响

由图 4-7 可以看出：

（1）不论掺入玄武岩纤维还是聚酯纤维，对 SBS 改性沥青黏度的增加较快。

（2）随着玄武岩矿物纤维的掺入，纤维沥青的黏度呈现逐渐增大趋势，且玄武岩矿物纤维对沥青的增黏效果优于聚酯纤维。一方面，在沥青胶浆中，纤维、矿粉与沥青三者会发生相互作用，且随着纤维掺量的增加，三者相互作用增强；另一方面，由于玄武岩纤维具有较好的界面粗糙度，与沥青的黏结性能相对较好，对沥青胶浆的增黏效果明显。

4.8 低温性能——延度试验

延性是沥青胶浆在规定的拉伸速率和温度下拉断时的长度，反映了其低温条件下的抗变形能力，是评定沥青塑性的重要指标。本研究对由 SBS 改性沥青制备成的各沥青胶浆进行 15 °C 延度试验，沥青延度一般用延度仪测定（图 4-8），图 4-9 为延度测定示意图。结果见表 4-6 和图 4-10。

图 4-8　沥青胶浆延度仪

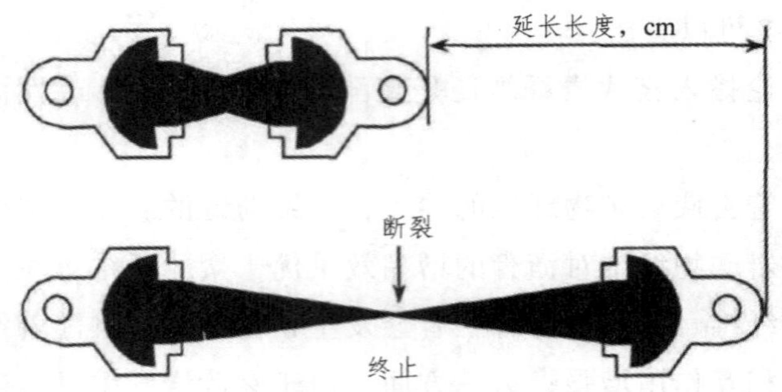

图 4-9　延度测定示意图

表 4-6　纤维改性沥青胶浆延度试验结果　　单位：cm

纤维掺量	玄武岩纤维	聚酯纤维	木质素纤维
0%	47.91	47.91	47.91
2%	30.07	36.65	39.61
4%	27.61	31.07	34.96
6%	22.88	27.28	29.39

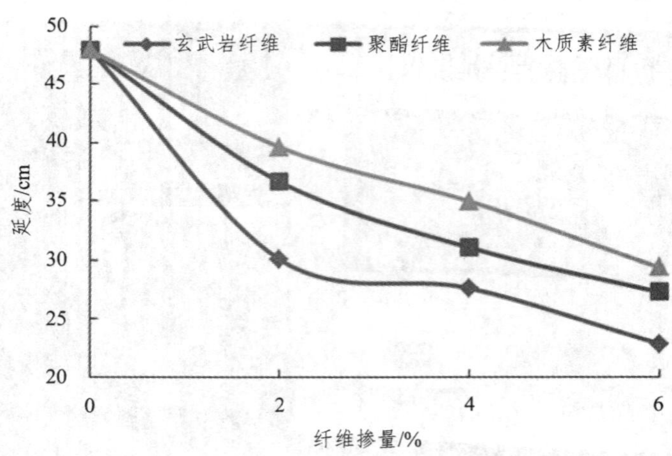

图 4-10　纤维掺量对沥青延度的影响

试验结果表明：纤维确实对沥青胶浆的延度有一定的影响，随着纤维掺量的增加影响效果越来越显著,且不同种类的纤维影响效果也不同。随着纤维掺量的增加沥青胶浆的延度值逐步降低，说明沥青胶浆的低温性能降低。当纤维掺量超过 2%时，延度值表现出急剧下降趋势。这是由于纤维掺入后，使沥青胶浆的低温性能变差，这说明一方面纤维的加入可以提升沥青胶浆的强度，另一方面又会降低沥青混合料的低温抗裂性能。综上可以得出，纤维的掺量必须在合理的范围内，掺量太少，达不到预期的效果，掺量过高，又会影响其低温性能。

延度与沥青的低温性能存在着相关性，相同温度下，延度越大，说明沥青胶浆的应变能越大，沥青混合料裂缝出现的可能性就相对较低，反之则容易导致沥青路面的早期开裂，从这个方面来看，纤维的掺入削弱了沥青混合料的低温性能。但另一方面，纤维掺入沥青以后，对沥青混合料的强度有所提高，路面开裂所需的能量也增大。综合来看，纤维的掺量应在适宜的区间，掺量过低，无法对沥青性能起到改善的效果，掺量过高，降低了沥青的应变能力。

所以，需要对沥青采取进一步的试验，来确定最合适的纤维掺量。

4.9 低温性能——弯曲梁流变试验

为了研究沥青胶浆的低温性能，美国 SHARP 研究开发出基于沥青蠕变劲度和蠕变速率研究沥青胶浆低温性能的方法，即弯曲梁流变试验（BBR）。应用工程上的梁理论开发出了弯曲梁流变仪，测量沥青小梁试件的蠕变劲度 S，用以表征沥青胶浆抗变形能力，通过试验测得的另一个参数为蠕变速率 m 值，由蠕变劲度与时间关系曲线的斜率得到，表征沥青在蠕变荷载作用下沥青劲度的变化率。若沥青的蠕变劲度模量较大，则说明沥青脆性较大，在低温条件下容易开裂，增大沥青路面开裂的可能性，因此 SHARP 规定沥青材料的蠕变劲度应不大于 300 MPa。同时，m 值应越大越好，m 值越大，则说明蠕变劲度随时间的变化越快，温度降低时，混合料的蠕变劲度模量也迅速减小，从而减低了沥青混合料在低温条件下开裂的可能性。因此，SHARP 规定测量时间为 60 s 时，沥青材料的 *m* 值应不小于 0.3。

试验时（图 4-11），试验温度为 – 12 °C，对试件施加 100 g 的荷载，作用时间 1 s，然后卸载恢复 20 s，结束时再施加 100 g 荷载，保持 240 s，记录沥青小梁试件的挠度，通过计算机绘制的挠度与时间的曲线计算出蠕变劲度模量和 *m* 值。试验结果如表 4-7 和图 4-12、图 4-13 所示。

图 4-11　沥青胶浆弯曲梁流变仪

表 4-7　纤维改性沥青胶浆弯曲梁流变试验结果

纤维掺量/%	玄武岩纤维		聚酯纤维		木质素纤维	
	蠕变劲度 *S*/MPa	蠕变速率 *m*	蠕变劲度 S/MPa	蠕变速率 *m*	蠕变劲度 *S*/MPa	蠕变速率 *m*
0	135.12	0.36	135.12	0.36	135.12	0.36
2	154.62	0.33	149.36	0.32	142.27	0.33
4	161.31	0.36	158.32	0.34	146.26	0.35
6	181.69	0.38	173.65	0.35	165.61	0.37

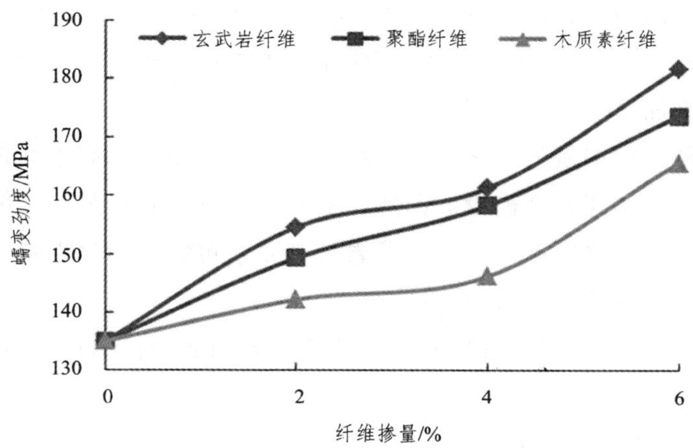

图 4-12　纤维掺量对沥青胶浆蠕变劲度的影响

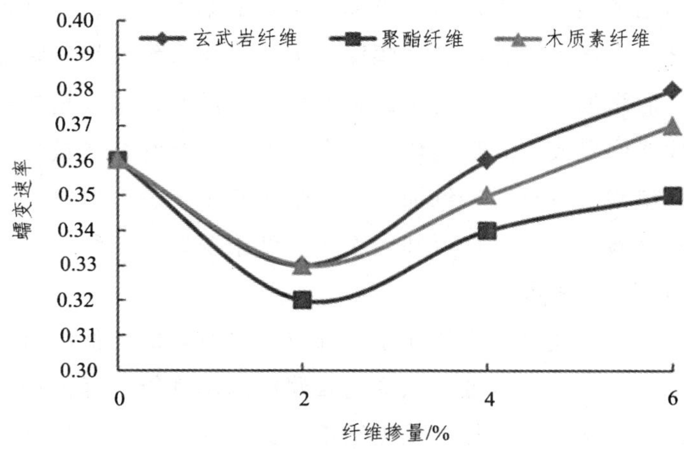

图 4-13　纤维掺量对沥青胶浆蠕变速率的影响

试验结果显示：三种不同纤维掺加的沥青胶浆的蠕变劲度模量都随着纤维掺量的增加而有所提升。随着纤维掺量的增加，三种纤维沥青胶浆的蠕变劲度模量出现了不同程度的提高，玄武岩纤维沥青胶浆的劲度模量高于其他两种纤维的沥青胶浆。m 值随着纤维掺量的增加出现了先减小后增大的趋势，在掺量区间为 0%～2%时，纤维沥青材料的 m 值大幅度的降低，在掺量区间为 2%～6%时，纤维沥青材料的 m 值呈现出较缓幅度的增加趋势。

在每种纤维掺量下，玄武岩纤维的蠕变劲度模量都高于其他两种类型纤维胶浆的蠕变劲度模量。因此，玄武岩纤维有着更加优异的抗变形能力，在较低的温度条件下，玄武岩纤维胶浆可以更好地抵抗裂缝的扩展，提高其低温抗裂的能力。

综上可知,玄武岩纤维比其他两种纤维更加适合掺加在沥青胶浆上。

4.10 本章小结

（1）通过纤维沥青的三大指标试验可以得出：玄武岩纤维沥青的软化点增长的幅度最大，木质素纤维沥青增长的幅度最小；在针入度和延度方面，玄武岩纤维沥青降低的幅度最大，木质素纤维沥青降低的幅度最小。纤维的添加，有效改善了沥青的性能。随着纤维掺量的增加，沥青的高温性能明显改善，低温延度略有降低。但当纤维掺量达到一定值以后，纤维掺量的变化对纤维沥青性能影响趋于平缓。通过三种纤维沥青三大指标试验结果的对比可知，玄武岩纤维要比聚酯纤维、木质素纤维更能增加沥青的稠度。

（2）弯梁曲流变试验结果显示：通过沥青胶浆的高低温参数进行分析，可以得出，纤维的掺加可以提高胶浆的高温性能，降低沥青胶浆的低温性能，这和沥青三大指标试验结论一致。通过比较三种纤维对沥青胶浆高低温性能的改变，可以得出玄武岩纤维对沥青胶浆的改善效果要优于聚酯纤维及木质素纤维。虽然玄武岩纤维在一定程度上降低了沥青胶浆的低温性能，但只要用量得到合理的控制，能很好地发挥其在沥青胶浆中的作用。

（3）通过对比分析纤维掺量对沥青胶浆高低温性能的影响，可以大致得出纤维掺量必须控制在合理的范围内才能发挥出其应有的作用，而且其低温性能也不会降低太多，具体的纤维掺量需要根据沥青混合料的路用性能试验进一步确定。

第 5 章
PART FIVE

玄武岩纤维对沥青混凝土使用性能的影响研究

高速公路沥青路面的路用性能直接影响到沥青路面的使用周期，且影响投资者的经济效益。因此，在建设高速公路沥青路面的过程中，改善沥青路面的路用性能至关重要。本章通过研究玄武岩纤维沥青混合料的高温稳定性、低温抗裂性、水稳定性和疲劳性能，提出了玄武岩纤维改善沥青路面的试验依据，这对于高速公路路用性能的改善具有深远的意义。

5.1 基于响应曲面法玄武岩纤维沥青混合料设计

5.1.1 响应曲面法简介

响应曲面法（Response Surface Methodology, RSM）是一种基于数据统计分析的回归设计方法，能够对试验变量和响应值进行综合分析，分析输出响应值与系统输入变量影响因子之间的定量关系，通过输入变量之间的交互作用，可以详细描述对响应值的影响。通过寻找响应指标与各影响因素之间的关系，通过方差分析（ANOVA）检验显著性，利用多因素分析效用来建立二阶多项式模型，用以评估各影响因素变量对输出变量的影响，最后生成响应曲面，根据输入目标响应值的设定条件，给出试验的最优响应值以及对应的最佳影响因素组合方式。在对结果进行分析过程中，既考虑到单因素与响应指标之间的关系，又能清楚地描述出影响因素两两交互作用给试验结果带来的影响，因此可以用来解决实际生产中许多复杂的试验条件优化问题。

响应曲面法包括试验设计、模型建立、模型检验以及条件优化等几个部分，在对数据进行分析过程中，在清晰描述单因素与响应值之间的关系的同时，又可以充分体现出各影响因素之间两两交互作用给试验结果带来的影响。因此，应用此设计方法可以解决许多复杂的试验条件的优化问题。

响应曲面建模时，首先假设响应值 y 与输入变量（影响因素变量）x_1, x_2，…，x_k 之间存在以下关系：

$$y = f(x_1, x_2, ..., x_k) + \varepsilon \tag{5-1}$$

式中：ε——随机变量。

若响应值与影响因素之间存在近似线性关系，则对式（5-1）作一阶 *Taylor* 展开：

$$y = \beta_0 + \beta_1 x_1 + \beta_2 x_2 + \cdots + \beta_k x_k + \varepsilon \tag{5-2}$$

式中：β_1——输入变量 x_i 的斜率或线性效应。

如果响应值与影响因素为非线性关系，需要展开二阶设计，并利用统计学中多元函数回归方程拟合出二阶模型：

$$y = \beta_0 + \sum_{i=1}^{k} \beta_i x_i + \sum_{i=1}^{k} \beta_{ii} {x_i}^2 + \sum_{i<j}^{k} \beta_{ij} x_i x_j + \varepsilon \tag{5-3}$$

式中：β_i——单个影响因素 x_i 的线性关系系数；

β_{ij}——两个影响因素之间的交互作用系数；

β_{ii}—— x_i 的二次效应系数。

用矩阵形式可表示为：

$$\boldsymbol{Y} = \beta_0 + \boldsymbol{X'b} + \boldsymbol{X'BX} + \varepsilon \tag{5-4}$$

式中：$\boldsymbol{X} = (x_1, x_2, ..., x_k)^{\mathrm{T}}$，$\boldsymbol{b} = (\beta_1, \beta_2, ..., \beta_k)^{\mathrm{T}}$ 为回归系数矩阵，

$$
\boldsymbol{B}=\begin{bmatrix}\beta_{11} & \beta_{12}/2 & \dots & \beta_{1k}/2\\ \beta_{21}/2 & \beta_{22} & \dots & \beta_{1k}/2\\ \vdots & \vdots & & \vdots\\ \beta_{k1}/2 & \beta_{k2}/2 & \dots & \beta_{kk}\end{bmatrix}。
$$

若响应值达到最优点，则满足：

$$
\frac{\partial \boldsymbol{Y}}{\partial \boldsymbol{X}}=\boldsymbol{b}+2\boldsymbol{BX}=0 \tag{5-5}
$$

称式（5-5）的解 $\boldsymbol{X}_0$ 为稳定点，则：

$$
\boldsymbol{X}_0=-\frac{1}{2}\boldsymbol{B}^{-1}\boldsymbol{b} \tag{5-6}
$$

将式（5-6）代入式（5-4），求得在稳定点处的预测响应值为：

$$
\boldsymbol{Y}_0=\beta_0+\frac{1}{2}\boldsymbol{X}_0'\,\boldsymbol{b} \tag{5-7}
$$

此外，为了评估所提出的模型的适当性，通常进行方差分析。用相关系数平方（R^2）和调整后的相关系数平方（R^2_{adj}）来判断模型的适合度。R^2 和 R^2_{adj} 可以用以下公式计算：

$$
R^2=\frac{SS_{\text{residual}}}{SS_{\text{model}}+SS_{\text{residual}}} \tag{5-8}
$$

式中：SS_{residual}——残差平方和；

SS_{model}——模型平方和。

$$
R^2{}_{\text{adj}}=1-\frac{SS_{\text{residual}}/DF_{\text{residual}}}{(SS_{\text{model}}+SS_{\text{residual}})+(DF_{\text{model}}+DF_{\text{residual}})} \tag{5-9}
$$

式中：DF_{residual}——残差自由度；

DF_{model}——残差自由度。

5.1.2 基质材料性能指标测试

本研究所采用的沥青为中远海运国际贸易有限公司的 SBS 改性沥青，性能指标见表 4-2，玄武岩纤维为贵州石鑫玄武岩科技有限公司生产的玄武岩纤维，性能指标见表 3-1，粗、细集料为贵州省瓮安县铭洋矿业有限责任公司出产的玄武岩，细集料来自羊满哨砂石场，矿粉为贵州省瓮安县铭洋矿业有限责任公司石灰岩矿粉。依据《公路工程集料试验规程》（JTG E42—2005）规定试验方法进行指标测试，集料的技术指标列于表 5-1、表 5-2 中，均满足规范要求。

表 5-1 粗集料技术指标及要求

检测项目	技术要求	检测值
10～15 mm 样品表观相对密度	≥2.60	2.912
5～10 mm 样品表观相对密度	≥2.60	2.922
10～15 mm 样品毛体积相对密度	—	2.838
5～10 mm 样品毛体积相对密度		2.838
10～15 mm 样品吸水率/%	≤2.0	0.89
5～10 mm 样品吸水率/%	≤2.0	1
10～15 mm 样品水洗法<0.075 mm 颗粒含量/%	≤1.0	0.3
5～10 mm 样品水洗法<0.075 mm 颗粒含量/%	≤1.0	0.4
1#样品粒径大于 9.5 mm 针片状颗粒含量/%	≤12.0	2.8
2#样品粒径大于 9.5 mm 针片状颗粒含量/%	≤18.0	1.8
压碎值（常温）/%	≤26.0	12.4
洛杉矶磨耗损失/%	≤28.0	14.2
坚固性/%	≤12.0	1
软弱颗粒含量/%	≤3.0	0.5
黏附性（改性沥青）/级	≥5	5
磨光值	≥42	46

表 5-2　细集料技术指标及要求

检测项目	技术要求	检测值
表观相对密度	≥2.50	2.718
毛体积相对密度	—	2.546
吸水率/%	—	2.48
砂当量/%	≥60.0	68
坚固性/%	≤12.0	2
棱角性（流动时间法）/s	≥30.0	36.9
亚甲蓝值/（g/kg）	≤25.0	3.2

5.1.3　基于响应曲面法玄武岩纤维沥青混合料设计

在沥青混合料的设计中，确定最佳沥青含量是一个重要环节，若油石比太低，不能够提供足够的稳定性和耐久性，若油石比太高，又会导致沥青路面泛油。对于 SMA 来说，除沥青外作为外加剂的纤维也十分重要，需要确定纤维的长度和掺量等指标。采用响应曲面法在马歇尔指标期望值条件下对玄武岩纤维 SMA-13 中纤维掺量、纤维长度以及油石比进行优化设计。

SMA-13　矿料级配如表 5-3 所示。

表 5-3　SMA-13 矿料级配

筛孔直径/mm	16	13.2	9.5	4.75	2.36	1.18	0.6	0.3	0.15	0.075
实际合成级配/%	100	98.9	62.6	27.7	22.1	18.5	15	12.7	11.2	9.6
上限级配%	100	100	75	34	26	24	20	16	15	12
下限级配%	100	90	50	20	15	14	12	10	9	8

合成级配曲线如图 5-1 所示。

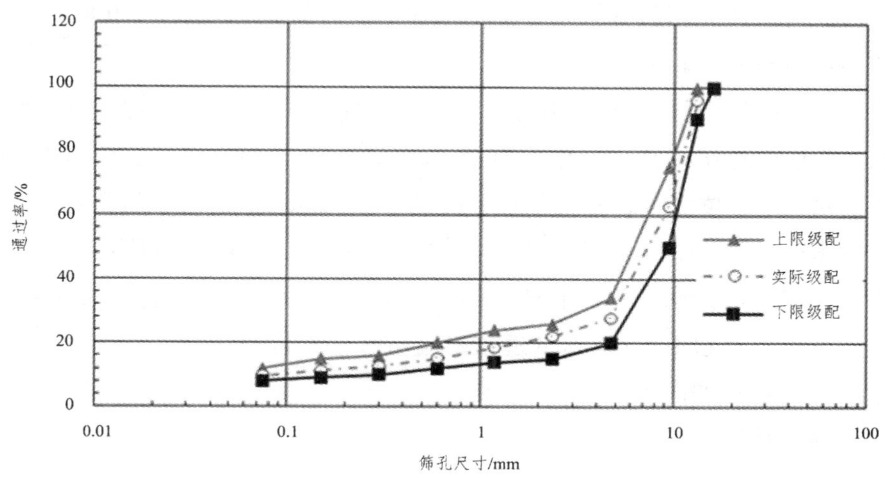

图 5-1　SMA-13 矿料级配折线图

根据以往研究及工程经验，使用 design-expert8.0 的中心复合设计对影响因素进行三水平设计，确定影响因素的水平如表 5-4 所示。

表 5-4　影响因素水平及设计

影响因素	编号	水平		
纤维掺量/%	X_1	2‰	4‰	6‰
纤维长度/mm	X_2	6	9	18
油石比/%	X_3	5.6	6.0	6.4

采用中心复合设计（CCD），三因素三水平试验供需进行 18 组独立试验，为消除误差带来的影响，设置 5 个中心点。以马歇尔试验指标作为响应指标，即空隙率、矿料间隙率、沥青饱和度、稳定度、流值，分别用 R_1、R_2、R_3、R_4、R_5 表示。

1. 马歇尔试验方法及计算过程

（1）试验方法：马歇尔试验。

（2）试验条件：浸水天平，感量小于 0.1 g；溢流水箱有水位溢流装置，保持试件和网篮进入水中后的水位，且水温调制 25 °C ± 0.5 °C；有挂钩的网篮；毛巾；秒表。

（3）试验步骤：① 采用马歇尔击实仪成型圆柱体试件，除去表面浮粒，称取干燥试件在空气中的质量 m_a。② 挂上网篮，浸入溢流水槽中，调节水位，复位天平，去试件置于网篮中 3 ~ 5 min，待天平示数稳定后，称取水中质量 m_w。③ 从水中取出试件，用干净柔软拧干的湿毛巾轻轻擦去试件表面的水分，称取试件的表干质量 m_f，注意从试件拿出水面到擦干结束不宜超过 5 s，称量过程中流出水分不再擦拭。

试验过程如图 5-2 所示。

（4）计算公式：

$$\rho_f = \frac{m_a}{m_f - m_w} \times \rho_w \tag{5-10}$$

$$\gamma_f = \frac{m_a}{m_f - m_w} \tag{5-11}$$

式中：γ_f——试件毛体积相对密度（无量纲）；

ρ_f——试件毛体积密度（ g/cm^3 ）；

ρ_w——25 °C 时水的密度，取值 0.997 1 g/cm^3 。

$$VV = \left(1 - \frac{\gamma_f}{\gamma_t}\right) \times 100\% \tag{5-12}$$

γ_t——沥青混合料最大理论密度（无量纲）；

γ_f——沥青混合料毛体积相对密度（无量纲）。

$$VMA = \left(1 - \frac{\gamma_f}{\gamma_{sb}} \times \frac{P_s}{100}\right) \times 100\% \tag{5-13}$$

VMA——沥青混合料的矿料间隙率（%）；

γ_{sb}——混合料的合成毛体积相对密度（无量纲）；

P_s——各种矿料占沥青混合料总质量百分比之和（%），$P_s = 100 - P_b$，

P_b为油石比。

$$VFA = \frac{VMA - VV}{VMA} \times 100\% \tag{5-14}$$

VFA——沥青混合料的沥青饱和度（%）。

（a）集料取样，称量

（b）集料热风干

（c）沥青加热溶解

（d）纤维及沥青混合料拌和

（e）马歇尔试样制作

（f）试样脱模

（g）成型试样

（h）马歇尔试验

图 5-2　马歇尔试验过程

2. 试验结果分析

沥青混合料马歇尔稳定度试验记录如表 5-5 所示。

表 5-5　沥青混合料马歇尔稳定度试验记录表

试件编号	油石比/%	相对密度		空隙率 VV/%	粒料间隙率 VMA/%	饱和度 VFA/%	稳定度 MS/kN	流值 FL/mm	马歇尔模数 /（kN/mm）
		实际	理论						
1-1	6.4	2.404	2.482	3.7	19.2	80.6	9.08	2.06	3.437
1-2		2.395	2.482	4.0	19.5	78.7	8.05	2.28	2.654
1-3		2.386	2.482	4.4	19.8	77.0	7.96	2.55	2.337
1-4		2.397	2.482	4.0	19.5	79.1	7.18	2.34	2.214
1-5		2.412	2.482	3.3	19.0	82.2	8.67	2.64	2.527
1-6		2.409	2.482	3.4	19.0	81.7	8.93	2.27	3.053
1-7		2.431	2.482	2.6	18.3	86.5	9.75	2.03	3.818
1-8		2.413	2.482	3.3	18.9	82.5	8.81	1.88	3.622
平均值		2.406	2.482	3.6	19.2	81.0	8.55	2.26	2.958
2-1	5.6	2.424	2.509	3.9	17.9	77.2	9.60	2.48	3.065
2-2		2.426	2.509	3.8	17.8	77.7	9.93	2.51	3.159
2-3		2.404	2.509	4.7	18.6	73.2	8.10	1.96	3.112
2-4		2.426	2.509	3.8	17.8	77.6	8.35	2.21	2.873
平均值		2.420	2.509	4.1	18.0	76.4	9.00	2.29	3.052
3-1	6.4	2.450	2.482	1.8	17.6	91.0	8.95	2.40	2.896
3-2		2.440	2.482	2.2	18.0	88.7	8.08	2.13	2.854
3-3		2.445	2.482	2.0	17.8	89.8	8.26	1.84	3.402
3-4		2.443	2.482	2.1	17.9	89.4	8.48	2.07	3.130
平均值		2.445	2.482	2.0	17.8	89.7	8.44	2.11	3.071

续表

试件编号	油石比/%	相对密度		空隙率 VV/%	粒料间隙率 VMA/%	饱和度 VFA/%	稳定度 MS/kN	流值 FL/mm	马歇尔模数/（kN/mm）
		实际	理论						
4-1	5.6	2.442	2.509	3.2	17.3	81.2	8.93	2.13	3.254
4-2		2.422	2.509	4.0	18.0	76.8	9.07	2.22	3.185
4-3		2.411	2.509	4.3	18.3	74.6	9.05	2.25	3.133
4-4		2.429	2.509	3.7	17.7	78.3	9.27	2.39	3.042
平均值		2.426	2.509	3.8	17.8	77.7	9.08	2.25	3.153
5-1	6.4	2.400	2.481	3.7	19.0	79.7	8.68	1.99	3.357
5-2		2.389	2.481	4.2	19.4	77.4	7.98	1.94	3.082
5-3		2.415	2.481	3.1	18.5	82.9	8.56	1.88	3.489
5-4		2.421	2.481	2.9	18.3	84.2	6.75	3.90	1.218
平均值		2.406	2.481	3.5	18.8	81.1	7.99	2.43	2.787
6-1	5.6	2.453	2.508	2.7	17.5	84.0	8.80	1.97	3.452
6-2		2.435	2.508	3.4	17.2	79.5	9.48	2.02	3.703
6-3		2.454	2.508	2.6	17.5	84.2	9.12	2.03	3.507
6-4		2.431	2.508	3.5	17.3	78.7	8.90	1.73	3.988
平均值		2.443	2.508	3.1	16.9	81.6	9.08	1.94	3.663

续表

试件编号	油石比/%	相对密度		空隙率 VV/%	粒料间隙率 VMA/%	饱和度 VFA/%	稳定度 MS/kN	流值 FL/mm	马歇尔模数 /（kN/mm）
7-1	6.4	2.443	2.481	2.0	17.5	89.6	8.95	2.28	3.048
7-2		2.394	2.481	4.0	19.2	78.4	8.06	2.16	2.806
7-3		2.437	2.481	2.3	17.7	88.0	8.35	2.71	2.712
平均值		2.425	2.481	2.8	18.2	85.3	8.79	2.38	2.855
8-1	5.6	2.412	2.508	4.3	18.0	74.6	8.62	1.84	3.598
8-2		2.405	2.508	4.6	18.2	73.1	8.91	1.93	3.580
8-3		2.428	2.508	3.7	17.4	77.9	8.66	1.85	3.600
8-4		2.459	2.508	2.5	18.3	85.3	9.28	2.91	2.502
平均值		2.426	2.508	3.8	17.5	77.7	8.87	2.13	3.320
9-1	6.0	2.446	2.499	2.6	17.3	85.2	8.66	2.02	3.297
9-2		2.448	2.499	2.5	17.2	85.6	8.51	3.38	1.926
9-3		2.447	2.499	2.6	17.2	85.4	8.92	2.31	2.996
9-4		2.455	2.499	2.3	17.0	87.4	9.20	2.46	2.927
平均值		2.449	2.499	2.5	17.2	85.9	8.82	2.54	2.786

续表

试件编号	油石比/%	相对密度		空隙率 VV/%	粒料间隙率 VMA/%	饱和度 VFA/%	稳定度 MS/kN	流值 FL/mm	马歇尔模数 /（kN/mm）
		实际	理论						
10-1	6.0	2.434	2.495	2.9	17.7	83.5	8.37	2.27	2.806
10-2		2.431	2.495	3.0	17.8	82.8	8.43	2.27	2.833
10-3		2.445	2.495	2.5	17.3	86.0	8.27	2.58	2.430
10-4		2.443	2.495	2.6	17.4	85.6	8.85	3.07	2.231
平均值		2.438	2.495	2.8	17.5	84.5	8.48	2.55	2.575
11-1	6.0	2.440	2.496	2.7	17.6	84.9	8.81	2.02	3.371
11-2		2.435	2.496	2.9	17.8	83.6	8.98	1.94	3.598
11-3		2.447	2.496	2.5	17.4	86.5	8.71	2.24	2.996
11-4		2.443	2.496	2.6	17.5	85.6	9.26	2.48	2.927
平均值		2.441	2.496	2.7	17.6	85.1	8.94	2.17	3.223
12-1	6.0	2.436	2.494	2.8	17.4	83.9	8.71	2.07	3.242
12-2		2.451	2.494	2.3	16.9	87.5	7.78	2.33	2.481
12-3		2.445	2.494	2.5	17.2	85.9	8.19	2.45	2.527
12-4		2.457	2.494	2.0	17.7	89.1	8.03	2.56	2.355
平均值		2.447	2.494	2.4	17.1	86.6	8.18	2.35	2.651

续表

试件编号	油石比/%	相对密度		空隙率 VV/%	粒料间隙率 VMA/%	饱和度 VFA/%	稳定度 MS/kN	流值 FL/mm	马歇尔模数 /（kN/mm）
		实际	理论						
13-1	6.4	2.437	2.477	2.1	17.9	89.1	8.29	2.61	2.410
13-2		2.437	2.477	2.1	17.9	89.2	8.46	2.18	2.963
13-3		2.437	2.477	2.1	17.9	89.1	8.43	2.10	3.062
13-4		2.438	2.477	2.1	17.9	89.4	7.81	3.07	1.893
平均值		2.437	2.477	2.1	17.9	89.2	8.25	2.49	2.582
14-1	5.6	2.439	2.508	3.3	17.2	80.6	9.15	2.15	3.326
14-2		2.432	2.508	3.5	17.4	79.0	9.06	2.21	3.195
14-3		2.426	2.508	3.8	17.6	77.6	9.30	2.21	3.303
14-4		2.447	2.508	3.0	16.9	82.4	9.64	2.94	2.599
平均值		2.436	2.508	3.4	17.3	79.9	9.29	2.38	3.105
15-1	6.0	2.448	2.495	2.4	17.2	86.8	9.45	2.61	2.854
15-2		2.451	2.495	2.3	17.1	87.5	9.14	2.37	3.013
15-3		2.448	2.495	2.4	17.2	86.9	8.50	2.89	2.249
15-4		2.451	2.495	2.3	17.1	87.5	8.80	2.43	2.798
平均值		2.450	2.495	2.3	17.1	87.2	8.97	2.58	2.729

续表

试件编号	油石比/%	相对密度		空隙率 VV/%	粒料间隙率 VMA/%	饱和度 VFA/%	稳定度 MS/kN	流值 FL/mm	马歇尔模数 /（kN/mm）
		实际	理论						
16-1	6.0	2.447	2.495	2.4	17.3	86.4	8.11	3.16	1.934
16-3		2.451	2.495	2.3	17.1	87.5	8.67	2.10	3.176
16-4		2.449	2.495	2.3	17.2	87.1	8.63	3.13	2.118
平均值		2.449	2.495	2.3	17.2	87.0	8.47	2.80	2.409
17-1	6.0	2.440	2.495	2.7	17.5	84.9	8.13	2.67	2.296
17-2		2.445	2.495	2.5	17.3	86.0	8.91	2.21	3.127
17-3		2.437	2.495	2.8	17.6	84.1	8.96	2.22	3.135
17-4		2.451	2.495	2.3	17.1	87.5	9.28	2.27	3.207
平均值		2.443	2.495	2.6	17.4	85.6	8.82	2.34	2.941
18-1	6.0	2.442	2.495	2.6	17.4	85.4	9.52	2.59	2.903
18-2		2.449	2.495	2.4	17.2	86.9	9.15	2.33	3.069
18-3		2.453	2.495	2.2	17.0	88.0	8.73	2.88	2.337
18-4		2.443	2.495	2.6	17.4	85.6	8.42	3.32	1.934
平均值		2.447	2.495	2.4	17.2	86.5	8.96	2.78	2.561

将试验结果进行汇总，如表 5-6 所示。

表 5-6　马歇尔试验汇总

编号	X_1	X_2	X_3	R_1	R_2	R_3	R_4	R_5
1	6.4	18	0.6	3.58	19.16	81.03	8.55	22.56
2	5.6	18	0.6	4.05	18.04	76.42	9.00	22.90
3	6.4	6	0.6	2.02	17.81	89.73	8.44	21.10
4	5.6	6	0.6	3.82	17.83	77.70	9.08	22.48
5	6.4	18	0.2	3.51	18.81	81.06	8.99	24.28
6	5.6	18	0.2	3.06	16.87	81.59	9.08	19.38
7	6.4	6	0.2	2.76	18.16	85.34	7.99	23.83
8	5.6	6	0.2	3.76	17.48	77.74	8.87	21.33
9	6.0	18	0.4	2.50	17.17	85.92	8.82	25.43
10	6.0	6	0.4	2.76	17.54	84.46	8.48	25.48
11	6.0	9	0.6	2.67	17.61	85.13	8.94	21.70
12	6.0	9	0.2	2.39	17.06	86.62	8.18	23.53
13	6.4	9	0.4	2.12	17.91	89.17	8.25	24.90
14	5.6	9	0.4	3.38	17.30	79.88	9.29	23.78
15	6.0	9	0.4	2.32	17.15	87.16	8.97	25.75
16	6.0	9	0.4	2.34	17.17	86.98	8.47	27.97
17	6.0	9	0.4	2.57	17.37	85.61	8.82	23.43
18	6.0	9	0.4	2.65	17.25	84.91	8.89	25.23

对试验数据进行基本的数据统计，如表 5-7 所示。

表 5-7 试验数据基本统计

项目	单位	最小值	最大值	平均值	标准差
X_1	%	5.60	6.40	6.00	0.31
X_2	mm	6.00	18.00	10.67	4.85
X_3	%	0.20	0.60	0.40	0.15
R_1	%	2.02	4.05	2.90	0.63
R_2	%	16.87	19.16	17.65	0.61
R_3	%	76.42	89.73	83.69	3.99
R_4	kN	7.99	9.29	8.72	0.35
R_5	0.1 mm	19.38	27.97	23.61	2.05

由表 5-7 可以看出，当玄武岩纤维掺量处在同一个水平上时，五个响应指标值的分布差距也很大，这是受到玄武岩纤维长度以及油石比变化的影响。因此，更加说明了在这三个影响因素中相互作用对指标的影响效应，而在传统的控制变量法中难以体现出这一点。下面，分别针对五个响应指标，用响应曲面法细致地描述影响因素对其作用效果。

3. 各指标响应曲面法分析

（1）空隙率分析

空隙率与影响因素的等高线图及响应曲面图如图 5-3 所示。

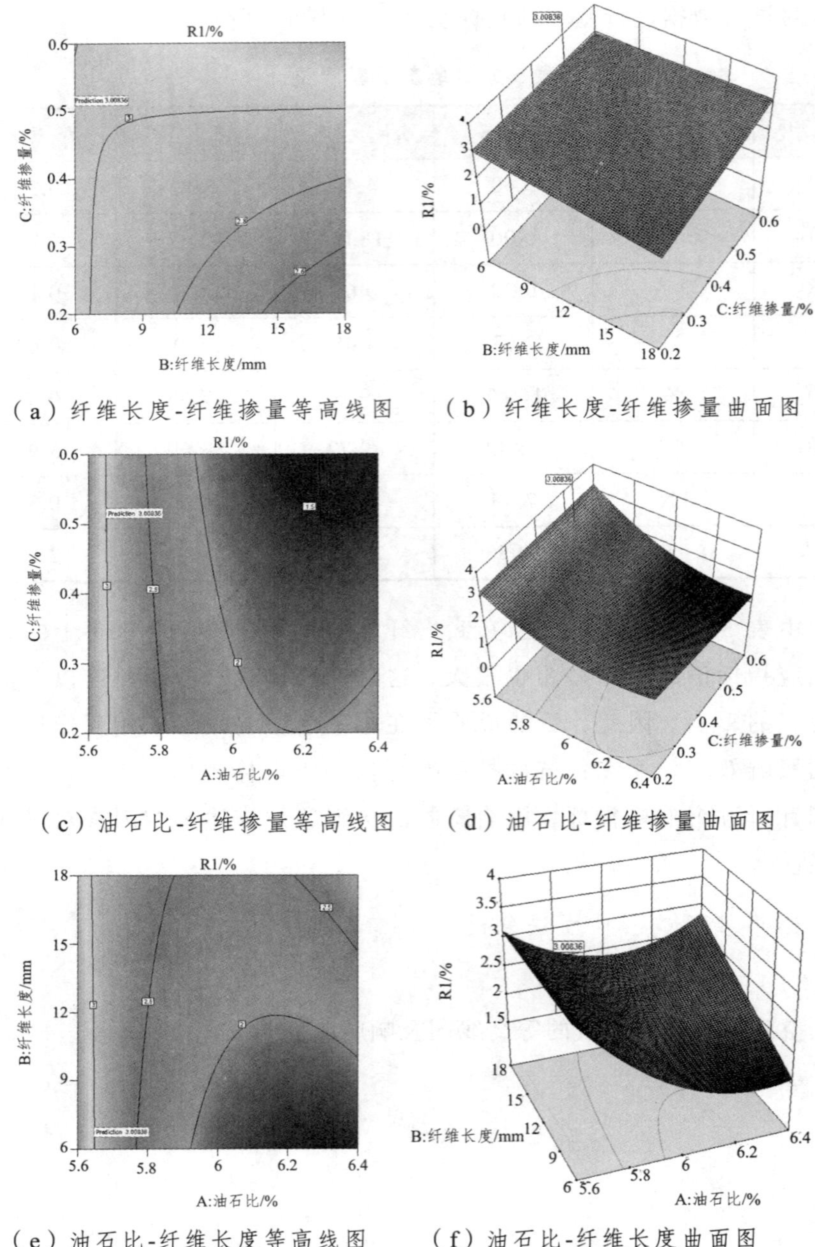

（a）纤维长度-纤维掺量等高线图（b）纤维长度-纤维掺量曲面图

（c）油石比-纤维掺量等高线图（d）油石比-纤维掺量曲面图

（e）油石比-纤维长度等高线图（f）油石比-纤维长度曲面图

图 5-3 空隙率与影响因素的等高线图及响应曲面图

观察图 5-3（b）可以看到，随着玄武岩纤维长度的增大，基本上看到沥青混合料的空隙率逐渐降低，变化幅度小，借助图（a）进行观察，发现当纤维长度变化时，会落在不同等高线内。当玄武岩纤维掺量发生变化时，会落在相同等高线之间，由图（b）清晰直观地看到，沥青混合料空隙率随玄武岩纤维掺量的增加而增大，变化幅度较大。通过图（c）、（d）看到，当纤维长度固定时，沥青混合料空隙率受油石比变化影响很大。其中，当油石比增加时，空隙率先下降后上升；当纤维掺量增加时，空隙率基本保持不变。通过图（e）、（f）可以看到当纤维掺量固定时，沥青混合料空隙率随油石比和纤维长度两两相互作用下的响应曲面图，与上两种情况相比，整个图像随油石比变化的范围较大，而随纤维长度变化的范围较小。这说明对于空隙率而言，玄武岩纤维掺量和油石比的影响程度都比纤维长度大，同时可以看到油石比对空隙率的影响相对纤维掺量明显。因此，对混合料空隙率的三种影响因素排序为：油石比 > 纤维掺量 > 纤维长度。

（2）矿料间隙率

矿料间隙率与影响因素的等高线图及响应曲面图如图 5-4 所示。

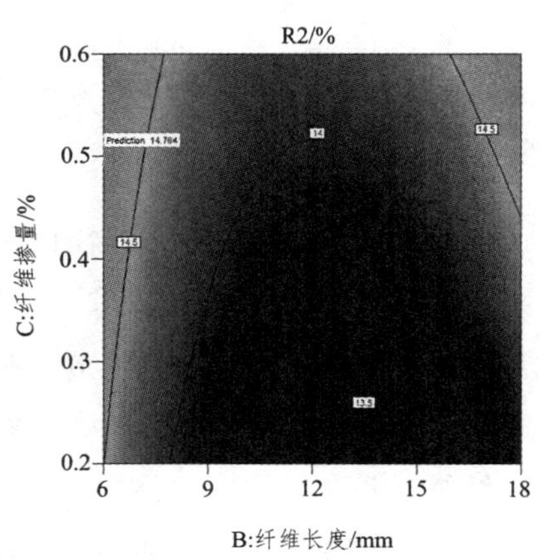

（a）纤维长度-纤维掺量等高线图

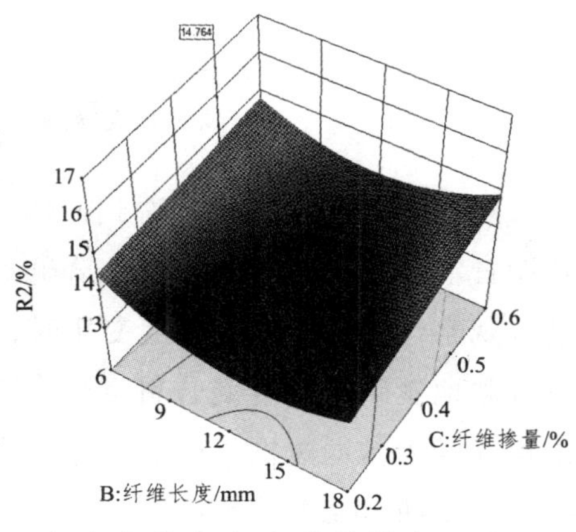

（b）纤维长度-纤维掺量曲面图

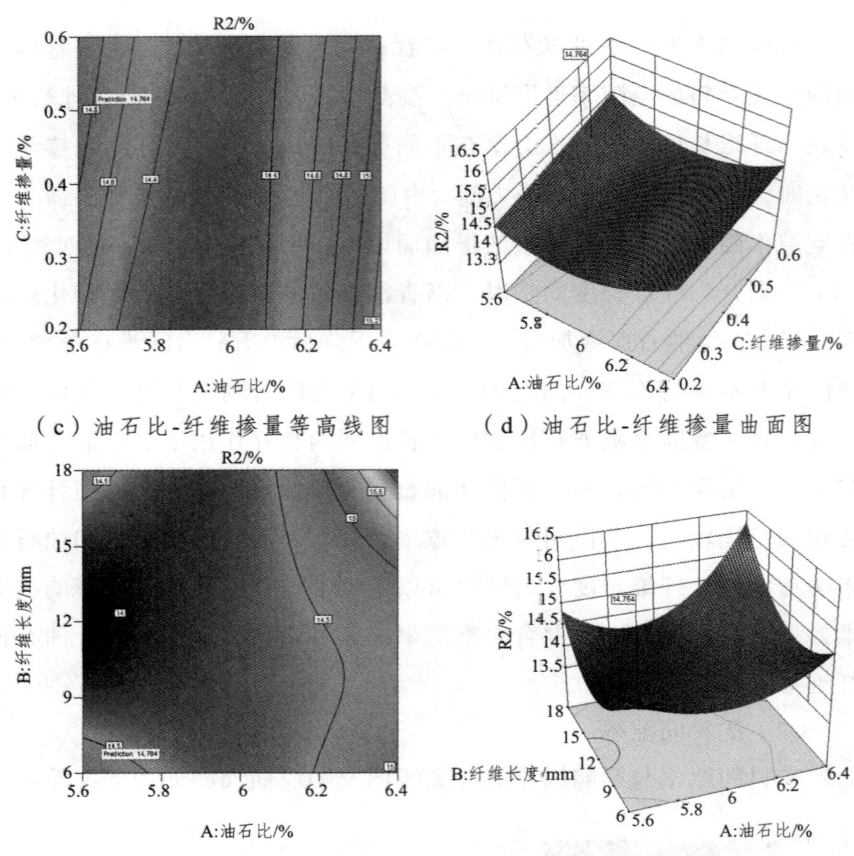

（c）油石比-纤维掺量等高线图　　（d）油石比-纤维掺量曲面图

（e）油石比-纤维长度等高线图　　（f）油石比-纤维长度曲面图

图 5-4　矿料间隙率与影响因素的等高线图及响应曲面图

观察图 5-4（b）可以看到，随着玄武岩纤维长度的增大，基本上看到沥青混合料的矿料间隙率先降低后升高，变化幅度较小，借助图（a）进行观察，发现当纤维长度变化时，会落在不同等高线内。由图（b）清晰直观地看到，沥青混合料空隙率随玄武岩纤维掺量的增加而增大，变化幅度较大。通过图（c）、（d）看到，当纤维长度固定时，沥青混合料空隙率受油石比变化影响很大。其中，当油石比增加时，矿料间隙率先下降后上升；当纤维掺量增加时，矿料间隙率基本保持不变。通过图（e）、（f）可以看到当纤维掺量固定时，沥青混合料空隙率随油石比和纤维长度两两相互作用下的响应曲面图，与上两种情况相比，矿料间隙率随玄武岩纤维长度的增加而缓慢增加，幅度很小；随油石比的增加而先减小后增大。这说明对于矿料间隙率而言，玄武岩纤维掺量和油石比的影响程度都比纤维长度大，同时可以看到油石比对空隙率的影响相对纤维掺量明显。因此，对矿料间隙率的三种影响因素排序为：油石比 > 纤维掺量 > 纤维长度。

（3）沥青饱和度分析

沥青饱和度与影响因素的等高线图及响应曲面图如图 5-5 所示。

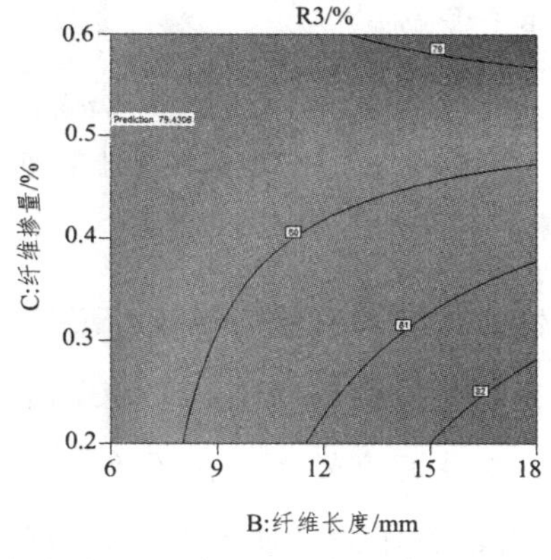

（a）纤维长度-纤维掺量等高线图

（b）纤维长度-纤维掺量曲面图

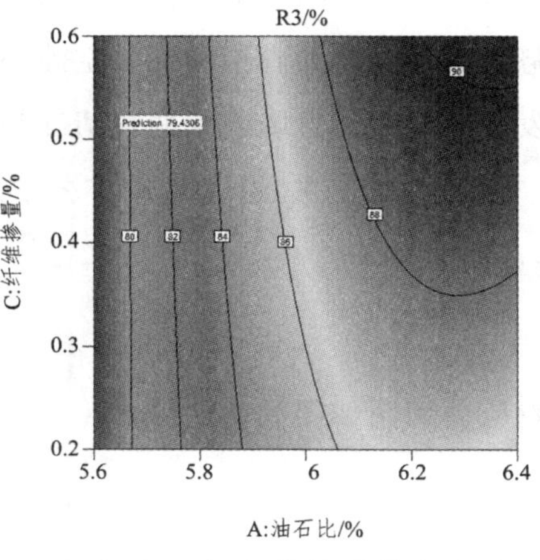

（c）油石比-纤维掺量等高线图

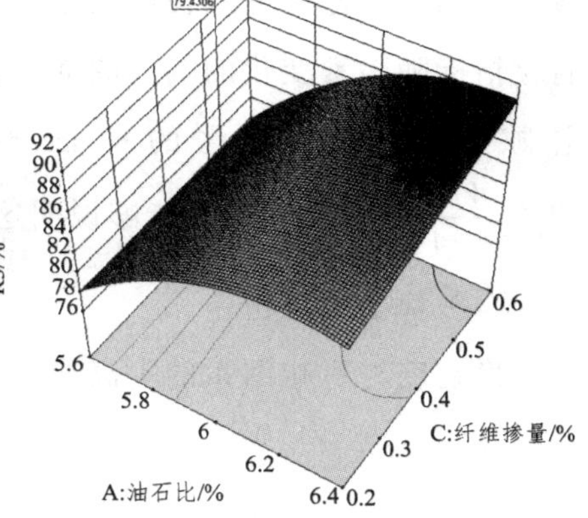

（d）油石比-纤维掺量曲面图

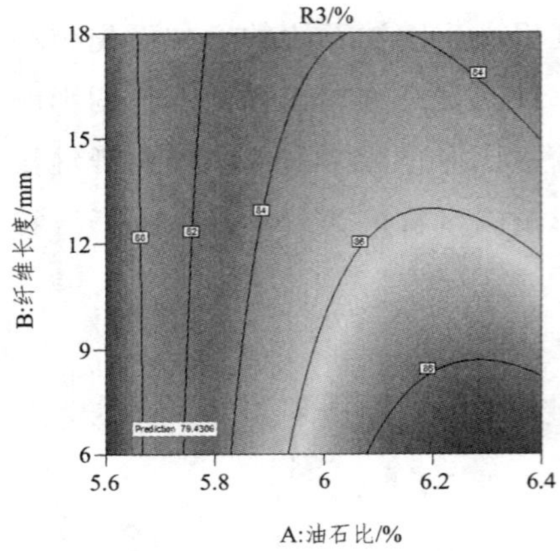

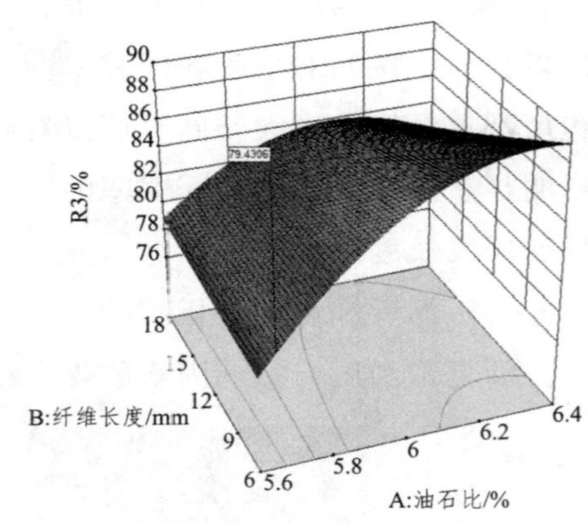

（e）油石比-纤维长度等高线图　　　　（f）油石比-纤维长度曲面图

图 5-5　沥青饱和度与影响因素的等高线图及响应曲面图

通过图 5-5（b）可以看到，沥青饱和度随着玄武岩纤维的增加呈下降趋势，而随着纤维长度的增加呈上升趋势，结合图（a），发现沥青饱和度随玄武岩纤维长度的增加而上升，变化幅度较大。在图（c）、（d）中，可以比较清晰地看到沥青饱和度随着油石比的增加而先上升后下降，同时随着纤维掺量的增加而基本不变。在图（e）、（f）中，体现出沥青饱和度随油石比和纤维长度的变化趋势。通过对比沥青饱和度、空隙率响应指标随因素变化的响应曲面图，发现沥青饱和度随因素变化情况与空隙率随因素变化的曲面图呈相反方向的趋势，由公式 $VFA=\frac{VMA-VV}{VMA}\times100\%$ 亦能够说明这一点。

（4）稳定度分析

稳定度与影响因素的等高线图及响应曲面图如图 5-6 所示。

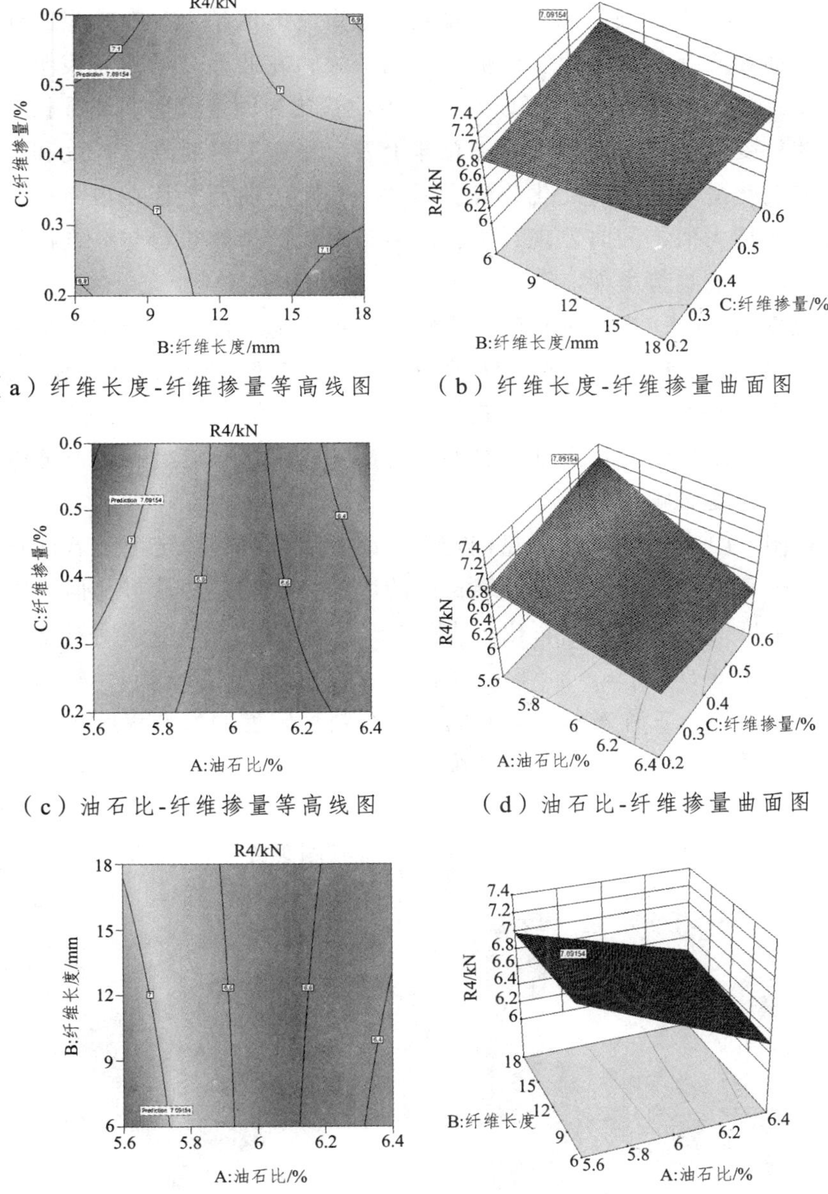

（a）纤维长度-纤维掺量等高线图（b）纤维长度-纤维掺量曲面图

（c）油石比-纤维掺量等高线图（d）油石比-纤维掺量曲面图

（e）油石比-纤维长度等高线图（f）油石比-纤维长度曲面图

图 5-6　稳定度与影响因素的等高线图及响应曲面图

在图 5-6 中，颜色越深的位置表示稳定度的值越大。在响应曲面图中，在曲面之上的点表明实测值比预测值大；在曲面之下的点表明实测值小于预测值。由图（b）可以看出，当油石比为固定值时，纤维长度和纤维掺量变化对稳定度的影响。总体上看，稳定度随着纤维长度和纤维掺量的变化呈现相同的变化趋势。因此，在响应曲面上存在最高点，即稳定度的最大值，同时发现纤维长度对稳定度的影响趋势与纤维掺量对稳定度的影响趋势类似。

观察图（d），当纤维长度一定时，稳定度随着油石比的增加呈现出下降的趋势，在低油石比的条件下，稳定度随着纤维掺量的增加而增加，在高油石比的条件下，稳定度随着纤维掺量的增加而增加。从图（c）可以看出，纤维掺量对稳定度的影响趋势都比较平缓，而油石比对沥青混合料的稳定度影响较大。

在图（f）中，当纤维掺量确定时，沥青混合料的稳定度随着油石比的增加一直减小，随玄武岩纤维长度的增加呈现同样的趋势，但纤维长度对稳定度的影响小于油石比。从图（e）可以看到，纤维长度对稳定度的影响小于油石比。

综上所述，三种影响因素对沥青混合料稳定度的影响程度排序为：油石比 > 纤维长度，油石比 > 纤维掺量。

（5）流值分析

流值与影响因素的等高线图及响应曲线图如图 5-7 所示。

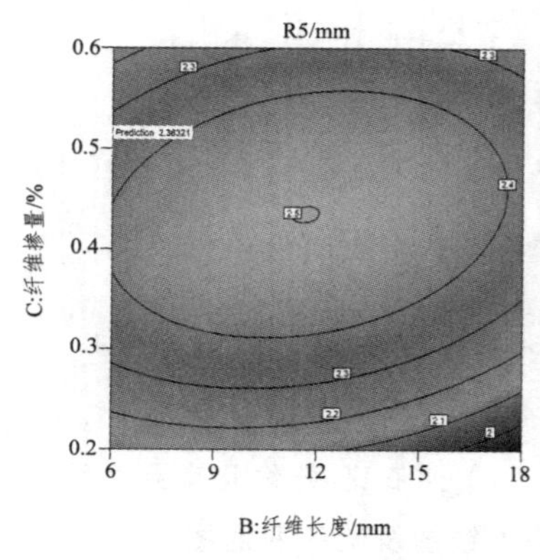

（a）纤维长度-纤维掺量等高线图

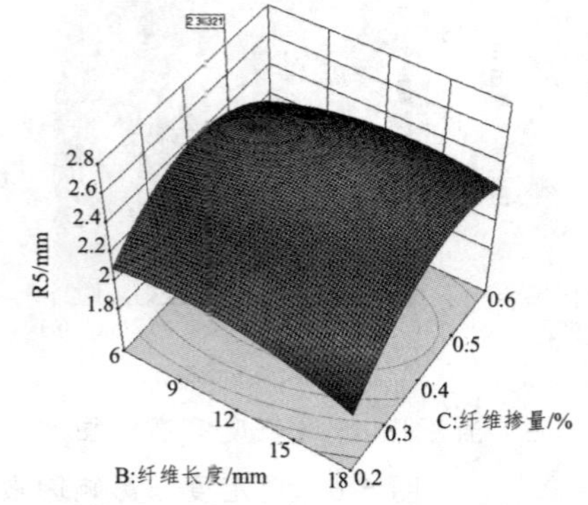

（b）纤维长度-纤维掺量曲面图

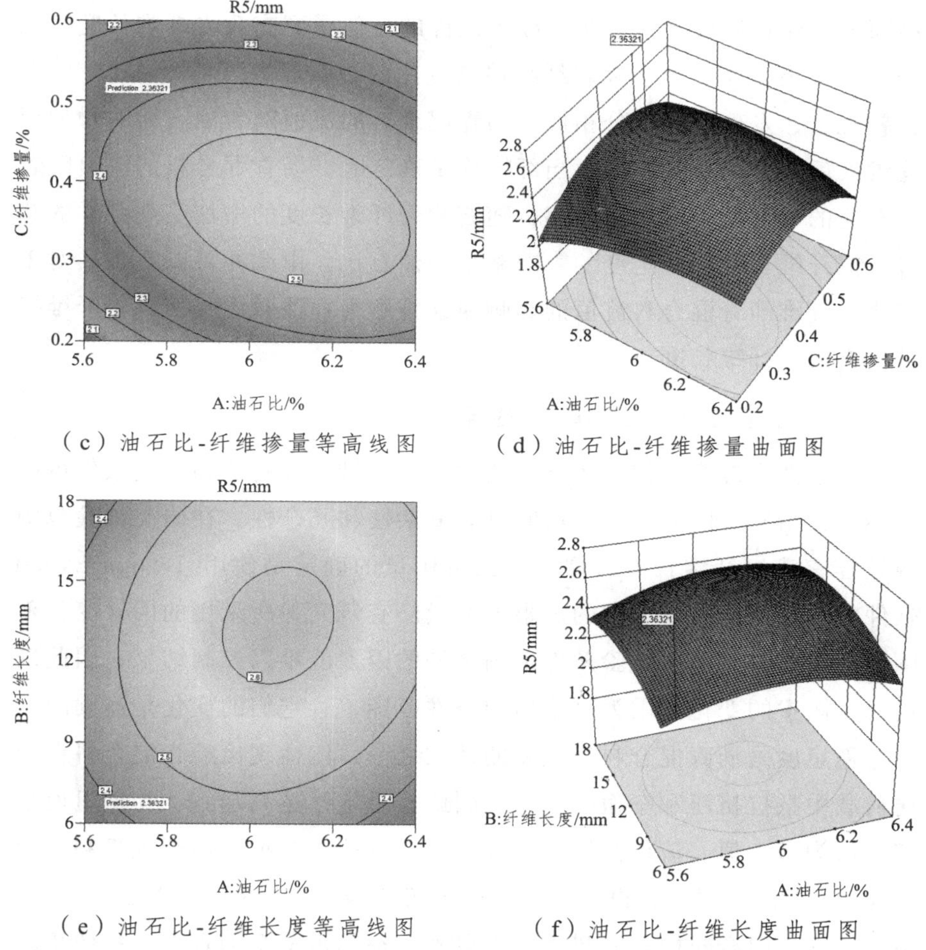

（c）油石比-纤维掺量等高线图　（d）油石比-纤维掺量曲面图

（e）油石比-纤维长度等高线图　（f）油石比-纤维长度曲面图

图 5-7　流值与影响因素的等高线图及响应曲面图

在图 5-7 的（a）、（c）、（e）三幅等高线图中，观察到等高线图都是闭合的，在图中看到最大值和最小值。由图（b）可以看到，当油石比取定值时，仔细观察可以看到流值随着玄武岩纤维长度的增加而略微有所下降，流值随着玄武岩纤维掺量的增加而有所增加，且受到纤维掺量影响较纤维长度大，玄武岩纤维沥青混合料流值随纤维长度变化的响应曲面图变化幅度很小，玄武岩纤维沥青混合料流值随纤维掺量变化的响应曲面图变化幅度较大，说明马歇尔试件的流值受到玄武岩纤维长度变化的影响很小，而受到玄武岩纤维掺量变化的影响较大。将图（d）、（f）比较观察，发现两者十分相似，沥青混合料的流值随着油石比的增加而先增大后减少，趋势明显。当纤维掺量确定时，沥青混合料的流值随着油石比的增加而先增大后减小，随玄武岩纤维长度的增加呈现同样的趋势，但纤维长度对稳定度的影响略小于油石比。由此亦可以看到，对于玄武岩纤维沥青混合料流值的影响因素排序为：油石比 > 玄武岩纤维掺量 > 玄武岩纤维长度。

4. 响应曲面法对试验条件的优化

对于沥青混合料使用传统的技术来寻找最佳油石比和其他条件可能并不十分精确，因为处理数据时具有复杂性和冗杂性。在研究试验范围内最佳玄武岩纤维长度、掺量和沥青用量的确定是使用 Design-Expert 软件的点预测功能来实行的。根据大量已有研究，所采用的因素变化范围比较普遍，而超出试验条件范围之外的因素值难以控制结果，因此确定每个因素的变化范围为已给出的条件范围，且它们的变化是连续的。

稳定度是沥青混合料最重要的性质之一，能体现出沥青混合料在交通荷载中抵抗挤压和车辙的能力。因此，稳定性越高越好，在这里设定期望值为最大值。流值是沥青混合料在没有撞击时抵抗逐渐沉降和变形的能力。在沥青混合料设计规范中要求流值为 2 ~ 5 即可满足要求。空隙率是指沥青混合料中除矿料和沥青以外的空间占整个沥青混合料体积的百分比，一般取 3 ~ 4 为期望值。矿料间隙率是指沥青混合料压实后试件中除矿料以外的体积占沥青混合料总体积的百分比，一般 SMA 混合料设计时，通常要求大于 17。沥青饱和度是指沥青填充矿料间空隙的百分率，在 SMA 设计中满足 75% ~ 85%即可。

经系统优化后得到最佳因素条件组合及根据模型所预测出来的五个指标值，如表 5-8 所示。

表 5-8 模型优化因素及预测指标值

纤维掺量/%	纤维长度/mm	油石比/%	空隙率/%	矿料间隙率/%	沥青饱和度/%	稳定度/kN	流值/mm
0.49	6	5.65	3.51	17.77	79.42	9.09	2.36

5. 模型验证

考虑到实际情况，分别取油石比 X_3=5.65%，纤维长度 X_2=6 mm，纤维掺量 X_1=0.49%，再次进行两组平行试验，得到马歇尔指标如表 5-9 所示。

表 5-9 马歇尔试验结果

编号	空隙率/%	矿料间隙率/%	沥青饱和度/%	稳定度/kN	流值/mm
1	3.53	18.16	82.11	8.91	2.11
2	3.14	17.81	84.50	9.05	2.17
平均值	3.34	17.98	83.30	8.98	2.14

将试验结果平均值与模型预测值进行比较，发现五个响应指标预测值与实测值误差均不超过 12.6%，说明采用此响应曲面法对沥青混合料马歇尔指标进行函数拟合并优化出在马歇尔指标期望值下最佳影响因素条件组合是较合理、较可靠的。

根据响应曲面法设计方法，玄武岩纤维 SMA-13 沥青混合料的最佳参数：纤维掺量为 0.49%，纤维长度为 6 mm，油石比为 5.65%。

5.2 玄武岩纤维沥青混合料高温性能

沥青路面抵抗变形的能力会随着外界气候温度的升高迅速下降，在外力作用下矿料因沥青黏结强度降低而产生滑移与位错，从而形成高温变形，如推移、拥包、车辙等。车辙作为沥青路面通用病害之一，尤其在车流量较大的高速公路路面和高温地区的路面中发生得更为频繁和严重。当路面结构层及土基在车轮荷载的重复作用产生进一步压实，并且路面结构中的材料因荷载抗压作用而发生侧向位移累积成永久变形，即车辙。沥青混合料的勃弹性性质，使得其在高温下极易发生塑性变形，车辙也就更容易产生，车辙也就成为沥青路面高温下的主要病害。

失稳性车辙是作为在汽车荷载反复作用下，路面结构层材料的侧向流动引起的横向变形累积。评价沥青混合料高温性能的室内试验方法有很多，如圆柱体压缩蠕变试验、扭转剪切试验、马歇尔稳定度试验、简单剪切试验、车辙试验等。在众多高温稳定性评价方法之中，车辙试验是运用最广泛的。室内车辙试验应用比较成熟，试件制作方便，操作简单，能够较为准确地反映车轮荷载在路面上的实际作用效果，试验结果直观，评价方法简单。

车辙试验包括大型环道试验、室内小型车辙试验以及实际路面的直接试验等。本研究选用室内小型车辙试验，对未掺纤维，掺入 0.35%木质素纤维，掺入 0.1%、0.3%、0.49%玄武岩纤维的 SMA-13 沥青混合料进行高温稳定性的分析。

1. 试验方法及条件

采用车辙试验来评价玄武岩纤维 SMA 沥青混合料的高温性能，即在规定的试验温度下，通过板块状试件与车轮的往返运动，使试块产生压实、剪切、推移和流变，致使产生车辙，所以轮辙试验更符合实际车辙产生情况，能更有效地反映出沥青混合料抵抗塑性变形的能力。车辙试验采用三路全自动车辙试验仪 LHCZ-9，试验温度为 60 °C，轮压为 0.7 MPa，车辙板尺寸为 300 mm × 300 mm × 50 mm，橡胶轮碾速度为 42 次/min ± 1 次/mm。沥青混合料高温稳定性以动稳定度衡量。

2. 试验步骤及计算方法

将试件连同试模一起，置于已达到试验温度 60 °C ± 1 °C 的恒温室中（车辙仪中）保温 6 h，将置于试验轮不行走的位置上以便实时监测温度条件。将试件连同试模移到车辙仪的试验台上，试验轮在试件的中心部位，行走方向与试件成型时碾压方向保持一致，开动车辙变形记录仪，启动试验机，使试验轮往返行走约 1 h 后停止，记录仪自动记录车辙变形数据。计算公式如下：

$$DS=\frac{(t_2-t_1)\times N}{d_2-d_1}\times C_1\times C_2 \tag{5-15}$$

式中：DS——动稳定度（次/mm）；

d_1——t_1（60 min）时间的变形量（mm）；

d_2——t_2（60 min）时间的变形量（mm）；

C_1——修正系数为 1.0；

C_2——试件系数为 1.0；

N——轮往返碾压速度为 42 次/mm。

车辙试验过程如图 5-8 所示。

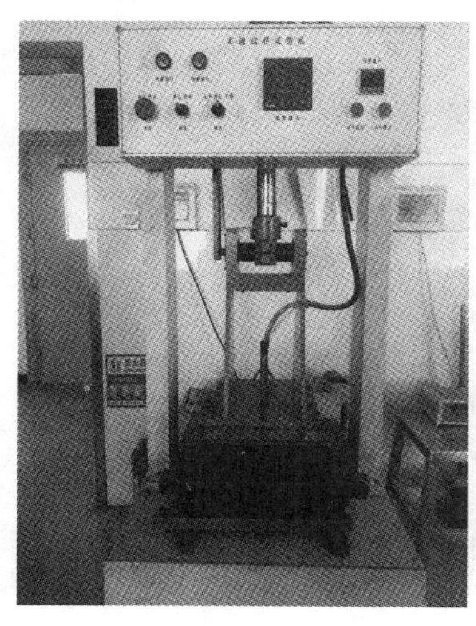

（a）制样

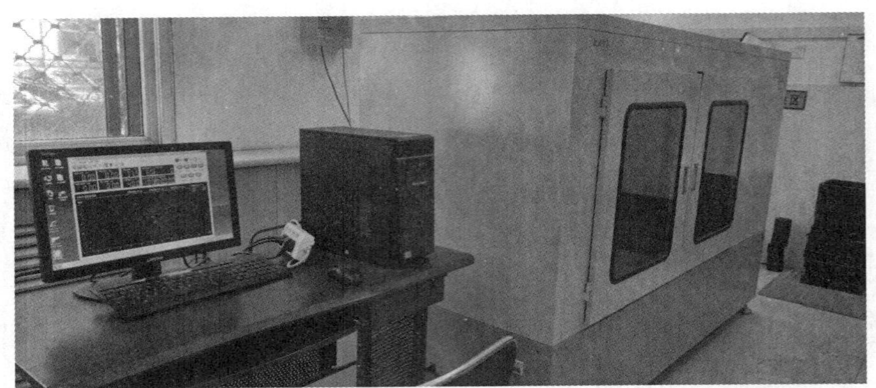

（b）车辙试验

（c）试验后沥青混合料试样

图 5-8　玄武岩纤维沥青混合料高温车辙试验

车辙试验结果如图 5-9、图 5-10 所示。

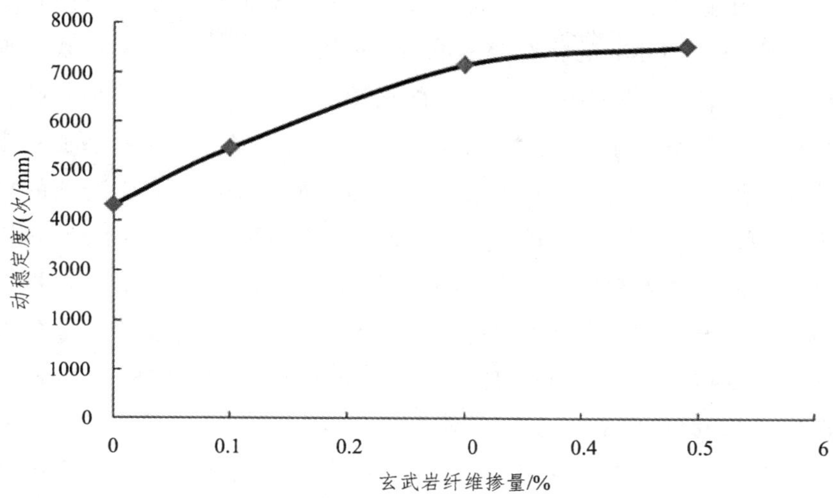

图 5-9　不同纤维掺量下动稳定度试验结果

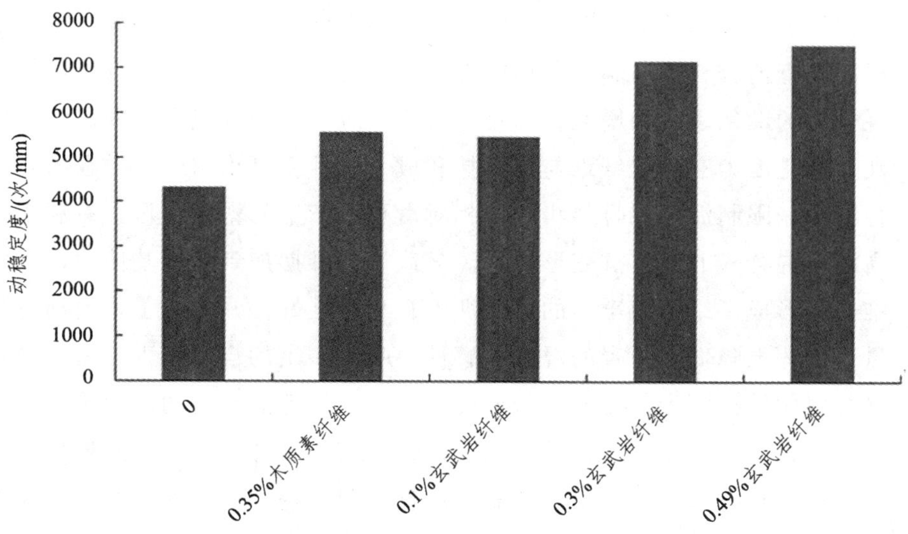

图 5-10　沥青混合料动稳定度对比

试验结果显示：

（1）动稳定度是个相对指标，反映沥青混合料车辙变形速度相对稳定后，即 45 ~ 60 min 的相对变形能力。车辙深度大小定量地反映沥青混合料高温时的总变形性能。从图中的试验结果可以看出，掺加玄武岩纤维有效提高了沥青混合料的动稳定度，车辙深度降低，说明掺加玄武岩纤维较大程度地抑制了沥青混合料的车辙变形，提高沥青混合料的抗车辙能力，抵抗变形能力更好，抗剪切能力更强。随着纤维掺入量的增加，混合料动稳定度逐渐增大，掺量小于 0.3%时，增长速度较快，掺量大于 0.3%时，增长速度逐渐趋于平稳。混合料在玄武岩纤维掺入量分别为 0.3%、0.49%时的动稳定度分别比木质素纤维掺入量为 0.35%时的动稳定度提高 28.5%和 35.1%。这表明在相同纤维掺量时，玄武岩纤维对混合料高温稳定性改善效果更好，这主要因为纤维的掺入，对沥青混合料起到加筋吸附作用，增强了混合料抗剪切变形的能力。

（2）根据爱因斯坦黏度原理，玄武岩纤维与混合料界面的黏附力及表面粗糙度引起的流动摩擦力阻碍了高温下沥青的流动而增黏，有利于提高沥青混合料的高温抗变形能力。对比发现，掺加玄武岩纤维后沥青混合料的动稳定度均增大，即玄武岩纤维可改善沥青混合料的高温稳定性，这是因为玄武岩纤维与集料拌和成型试件后可均匀地分散在沥青混合料中，限制沥青混合料集料的相对滑移所产生的塑性变形，有利于提高沥青混合料的高温抗变形能力。玄武岩纤维掺加到沥青基体中，在纤维表面形成了结合力牢固的结构沥青，耐热性好，并减少了自由沥青数量，整体上降低了沥青的温度敏感性，吸收多余的自由沥青，增加沥青混合料中结构沥青的比例，从而使复合改性沥青混合料的高温抗变形能力增强，高温性能显著提升。同时，掺加玄武岩纤维后，玄武岩纤维对沥青混合料有增黏、吸附、桥联、增韧、阻裂等作用，沥青胶浆的黏度得到提高，与乱向分布的纤维骨架结构网相互补充，形成三维网状结构，起到加筋增强作用，有效阻止了集料间的滑移，承载能力得到提高，使沥青混合料的高温稳定性大幅度提高。

（3)玄武岩纤维对沥青混合料高温性能的改善主要是两方面的作用，提高了沥青混合料的强度参数 C（黏结力）和传递应力。玄武岩纤维在沥青混合料中无定向杂乱分布，其比表面积较大，这将增加结构沥青的比例，形成结构沥青网，同时玄武岩纤维与沥青有很好的亲和性，有强烈有效地吸附沥青，这都会提高沥青的黏结力，进而提高沥青混合料的强度参数 C。玄武岩纤维在沥青基体内是三向随机分布的，纵横交错的纤维在沥青混合料的局部空间形成纤维骨架网。当沥青混合料承受外部集中荷载时，这个纤维骨架网会有效地传递应力，增大应力的分布范围，并降低局部剪切应力。

（4）当玄武岩纤维掺量较低时，纤维在混合料中的分布是相对均匀的，但此时纤维丝数量较少，在试件体中的空间密度就小，形成的局部空间网络结构传递应力的能力就弱，因此混合料的高温稳定性就较低。当纤维掺量较高时，过量的纤维会导致沥青混合料的分散性和均匀性降低，纤维在沥青混合料中会出现丝束以及结团现象，结构沥青相对减少，从而降低玄武岩纤维的加筋、加强和黏附作用，甚至减弱沥青混合料本身的性能，导致混合料的高温稳定性下降。

5.3 玄武岩纤维沥青混合料低温抗裂性能

影响沥青混合料低温开裂性的因素主要是沥青的性质，包括沥青的温度敏感性、沥青劲度、沥青延度等，另外混合料的沥青用量、混合料的矿料组成等也会影响沥青混合料的低温抗裂性。

沥青混合料的低温性能评价方式可以分为以下三类：（1）评价沥青混合料的应力松弛能力或低温变形能力；（2）预估沥青混合料低温下的开裂温度；（3）计算并评价沥青混合料断裂时的累积断裂能。试验方法有间接拉伸试验、直接拉伸试验、蠕变试验、约束试件温度应力试验、应力松弛试验、低温小梁弯曲试验等。其中，低温弯曲试验结果能够很好地表征混合料的低温性质。本研究使用车辙板切割的小梁试件来进行低温弯曲试验，评价玄武岩纤维沥青混合料的低温抗裂性能。

研究选用室内小梁低温弯曲试验，对未掺纤维，掺入 0.35%木质素纤维，掺入 0.1%、0.3%、0.49%玄武岩纤维的 SMA-13 沥青混合料进行低温抗裂性能的分析。

1. 试验方法及条件

根据《公路工程沥青及沥青混合料试验规程》，采用梁式试件轮碾法成型，先碾压成型 300 mm × 300 mm × 50 mm 车辙板，车辙板脱模后采用切割机切割出小梁试件，大小为 250 mm × 35 mm × 30 mm，数量满足平行试验要求，试验数量取每块车辙板 6 个小梁试件，选用沥青混合料的小梁低温弯曲试验进行研究评价。小梁弯曲试验加载如图 5-11 所示。

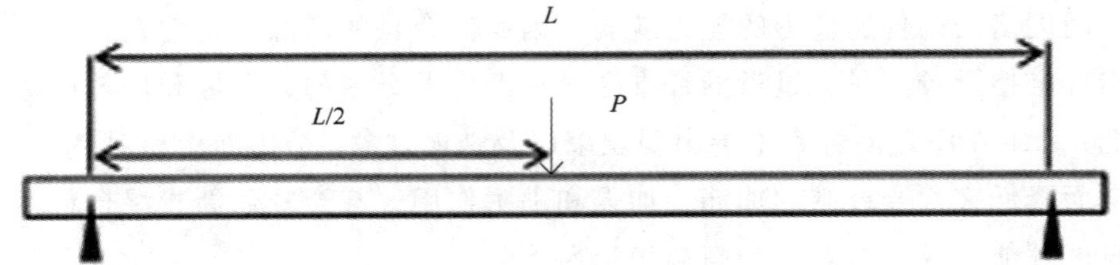

图 5-11　小梁弯曲试验加载示意图

2. 试验步骤及计算过程

（1）试验前将试件在 − 10 °C 条件下保温不少于 6 h。

（2）打开电脑及软件，选择使用相应的试验程序。

（3）点击试验数据按钮，输入试验信息，保存。

（4）按试验规程进行横梁速度设置。

（5）试件放入试验夹具，选择试件编号，点击试验开始按钮进行试验。

（6）试验结束后记录仪上自动记录下试验参数以及试验数据。

以抗弯拉强度、最大弯拉应变及弯曲劲度模量为低温间接拉伸评价指标，计算如下：

$$R_{\mathrm{B}} = \frac{3LP_{\mathrm{B}}}{2bh^2} \tag{5-16}$$

$$\varepsilon_B = \frac{6hd}{L^2} \tag{5-17}$$

$$S_B = \frac{R_B}{\varepsilon_B} \tag{5-18}$$

式中：R_B——抗弯拉强度（MPa）；

ε_B——最大弯拉应变；

S_B——弯曲劲度模量（MPa）；

b——试件跨中断面的宽度（mm）；

h——试件跨中断面的高度（mm）；

L——试件跨径（mm）；

P_B——试件破坏时的最大荷载（N）；

d——试件破坏时的跨中挠度（mm）。

试验过程如图 5-12 所示。

（a）制样过程

（b）制作成型的试样

（c）试验过程

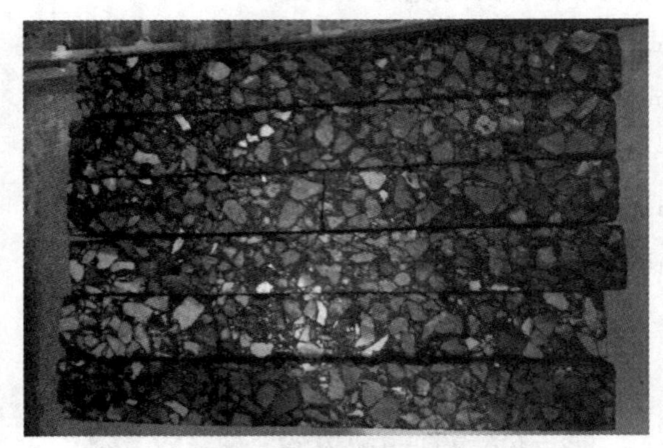

（d）试验完成后的试样

图 5-12　玄武岩纤维沥青混合料低温抗裂性能试验过程

3. 试验现象及结果分析

由于小梁试件达到最大破坏荷载，因此纤维 SMA 沥青混合料试件从外观上可以看出试件有微裂缝产生。掺入量为 0.49%时玄武岩纤维试验结果如表 5-10、图 5-13 所示。

表 5-10　沥青混合料小梁弯曲试验记录

试样编号	试样跨径 L/mm	跨中断面试件的宽度 b/mm	跨中断面试件的高度 h/mm	试件毛体积密度/（g/cm³）	最大理论密度/（g/cm³）	空隙率/%	试件破坏时的跨中挠度 d/mm	试件破坏时的最大荷载 P_B/N	试件破坏时的抗弯拉强度 R_B/MPa	试件破坏时的最大弯拉应变 ε_B	试件破坏时的弯曲劲度模量 S_B/MPa
1	200	29.89	35.01	2.467	2.509	1.68	0.67	1 252.00	10.25	0.003 52	2 913.78
2	200	31.77	35.12	2.458	2.509	2.05	0.68	1 183.33	9.06	0.003 58	2 528.98
3	200	29.60	34.95	2.448	2.509	2.44	0.88	1 070.50	8.88	0.004 61	1 925.31
4	200	29.94	34.54	2.460	2.509	1.97	0.69	1 192.67	10.02	0.003 57	2 802.09
5	200	31.28	35.05	2.463	2.509	1.82	0.94	1 256.67	9.81	0.004 94	1 985.15
6	200	31.25	35.13	2.456	2.509	2.10	0.70	1 237.50	9.63	0.003 69	2 609.71

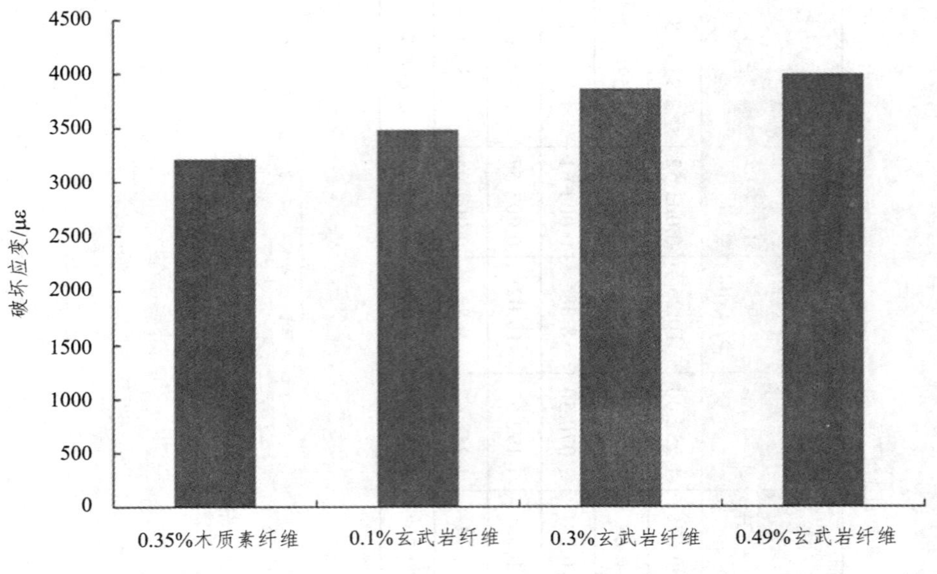

图 5-13 沥青混合料破坏应变试验结果对比

试验结果显示：

（1）在试验中，试件承受应力越大，表明低温抗裂性能越好，相应也就得到越大的劲度模量。由以上结果发现，随着玄武岩纤维掺入量的增加，混合料的弯曲破坏应变逐渐升高，与木质素纤维沥青混合料相比分别提高 8.4%、19.9%和 24.2%，表明玄武岩纤维的掺入能够有效地改善混合料低温抗开裂能力。掺入玄武岩纤维后，SMA 沥青混合料的低温最大弯拉应变极大地满足沥青混合料低温弯曲试验破坏应变不小于 2 000 με的要求，这说明玄武岩纤维沥青混合料有着更好的低温性能，会减少温度裂缝的产生，且能有效阻止沥青混凝土中微裂缝的发展。分析原因，是由于玄武岩纤维硬度较大，在沥青混合料中形成空间网状结构，在混合料内部产生特有的“桥接”与“加筋”作用，使混合料的强度和刚度增加。低温条件下，纤维的掺入对混合料抗开裂能力有显著提高，剩余沥青吸附在纤维表面，沥青劲度模量增强，混合料内部黏聚力变大，提高了混合料的低温性能。

（2）玄武岩纤维具有更高的弹性模量，相互交错织成的网将混合料内可能的自由沥青包裹在内，同时玄武岩纤维通过沥青又与集料紧密地粘连在一起，使得沥青混合料内的三种物质形成一个整体，纤维网成为沥青与集料之间连接的骨架，支撑着集料向沥青内部的嵌挤，从而使得混合料具备了一定的弹性性质，有效地抵抗了混合料因温度降低而引起的收缩变形，减弱了裂缝发生的可能，提高了沥青路面的低温抗裂性。

5.4 玄武岩纤维沥青混合料水稳定性能

沥青路面暴露在自然环境中，不仅受到环境温度的变化和重复车轮荷载的作用对其带来的一些路面损害，而且受到雨水的冲刷和冰雪的冻融作用，产生路面的水损害。这种损害尤其在南方多雨地区和北方冰冻地区频繁发生。流动的雨水和轮载的作用产生的动水压力随着雨水浸入的深度不断加大，浸入到沥青与集料的接触面上的水也随之增加，在水分的不断浸泡与冲刷下，沥青的勃附性逐渐降低，沥青与集料间的勃结力不断下降，包裹在集料表面的沥青膜被水分逐渐剥离，混合料的整体性丧失，变得松散，最终形成路面的坑槽等病害。

沥青路面的水损害受多种因素的影响，包括路面排水的通畅、路面材料性质的好坏、施工质量的高低等，沥青混合料水稳定性是评价沥青路面抗水毁能力的重要指标。浸水马歇尔试验能够反映出沥青混合料在高温水中浸泡后的稳定程度，而冻融循环试验则反映出沥青冷热水交替环境中的劈裂抗拉强度。采用玄武岩纤维掺入量分别为 0.1%、0.3%、0.49%和木质素纤维掺入量为 0.35%时，进行混合料浸水马歇尔和冻融劈裂试验。采用冻融循环劈裂残留强度比 *TSR* 和残留稳定度 *MS* 两个指标评价纤维 SMA 沥青混合料的水稳定性。

5.4.1　冻融劈裂试验

1. 试验方法及条件

本试验用于规定条件下对沥青混合料进行冻融循环，测定混合料试件在受到水损害前后劈裂破坏的强度比，以评价沥青混合料的水稳定性。试验使用马歇尔击实法成型的圆柱试件，击实次数为双面各 50 次。采用微控电子万能试验机，40 kN 的传感器，上下各一根压条，宽度为 12.7 mm，内测曲率半径为 50.8 mm。试验温度为 25 °C，加载速率为 50 mm/min。

2. 试验步骤

（1）将 8 个成型试件按规定方法测试件的密度、空隙率等各项物理指标。

（2）将试件随机分 2 组，一组室温下保存备用，另一组先真空饱水 15 min，恢复常压，试件在水中放置 0.5 h。

（3）取出试件放于塑料袋中加入约 10 mL 水，扎紧袋口，置于 18 °C ± 2 °C 的恒温冰箱中冷冻 16 h ± 1 h。

（4）取出试件放在 60 °C 恒温水槽中除去塑料袋保温 24 h。

（5）将两组试件全部放在 25 °C ± 0.5 °C 恒温水槽中，保温 2 h 以上。

（6）取出试件擦干表面水分安放在夹具上进行试验。

冻融劈裂试验过程及试样照片如图 5-14 ~ 图 5-17 所示。

（a）试样真空饱水

（b）冷冻室冷制

图 5-14　冻融劈裂试验

（a）冻融前

（b）冻融后

图 5-15　玄武岩纤维 SMA 沥青混合料试件冻融前后

图 5-16　玄武岩纤维 SMA 沥青混合料试件局部

（a）冻融前

（b）冻融后

图 5-17　木质素纤维 SMA 沥青混合料试件冻融前后

3. 试验现象及结果分析

（1）玄武岩纤维 SMA 沥青混合料试件冻融前进行劈裂，试件表面完好，没有出现裂缝或变形，冻融后出现些微横向变形，试件表面依然保持完整，没有出现明显裂缝。将试件局部放大，可以明显看到散乱分布的纤维，且大部分搭接在石料之间，形成稳定空间网状结构，成为组织试件裂缝的主要原因。相比之下，木质素纤维 SMA 沥青混合料在冻融前的劈裂试验中已经出现竖向裂缝，冻融后裂缝增大，从表面看不到纤维分布。

（2）试验结果显示（图 5-18）：随着玄武岩纤维掺入量的增加，混

合料的残留强度比 *TSR* 都显著提高，除掺量为 0.1%外，玄武岩纤维混合料比木质素纤维混合料冻融劈裂强度比 *TSR* 分别提高 3.23%和 4.20%。由于玄武岩纤维具有直径极小、比表面积大、亲水性差的特性，故其抵抗水侵蚀能力较强，从而大大提高了 SMA-13 沥青混合料的水稳定性。

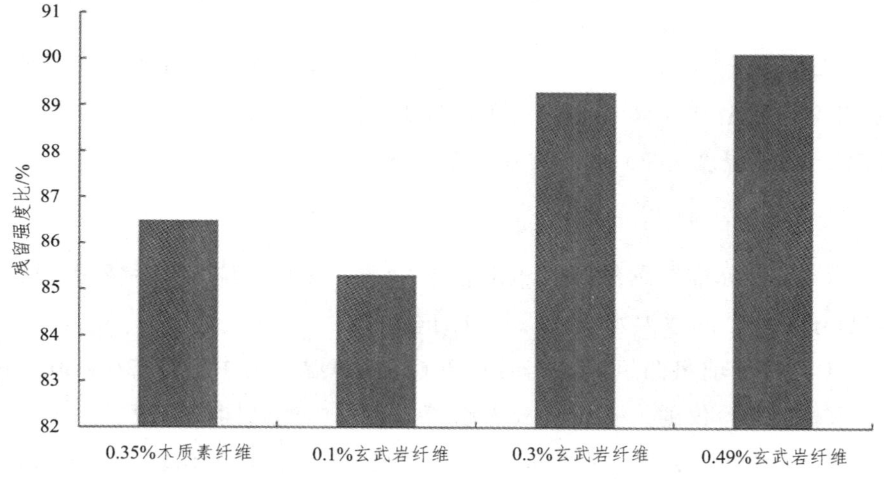

图 5-18 沥青混合料残留强度比试验结果

（3）在以上两种沥青混合料中，一方面，木质素纤维是空管结构，虽然吸收沥青较多，但部分进入空管，属于无效沥青，并不发挥作用；而玄武岩纤维直径极小，比表面积很大，能够吸附大量沥青增加沥青膜厚度，与木质素纤维相比，更加能够增强石料的黏结力。另一方面，木质素纤维吸水性较强，在水环境中易吸收水分，在冷冻状态下造成混合料体积膨胀，增加了混合料内部产生的应力破坏和沥青膜的脱落。玄武岩纤维与沥青由于分子力的作用，使得两两的接触面不停地产生组分与能量的变动，其间，新的界面相会从它的接触界面产生，以此来减弱界面间的表面能，使整个结构处于稳定。玄武岩纤维分散到在沥青结合料中后，纤维自身的强度和模量提高了纤维沥青胶浆的强度与韧性，并以此来促进沥青与集料接触面水平的提高，从而对混合料的整体强度产生积极的影响，利于混合料水稳定性的改善。同时，由于玄武岩纤维亲水性差，抵抗水侵蚀能力较强，大大改善了沥青混合料的水稳定性。

5.4.2 浸水马歇尔试验

1. 试验方法及条件

试验设备采用 LD190-Ⅱ型自动沥青混合料马歇尔试验仪，使用马歇尔击实仪成型圆柱体试件，双面各击实 75 次，恒温水槽，控温准确至 1 °C，试验温度为 25 °C，加载速率为 50 mm/min ± 5 mm/min。

2. 试验步骤及计算公式

（1）将标准马歇尔试验随机分成两组，一组室温下保存备用，另一组置于 60 °C 的恒温水槽中保温 48 h。

（2）试验前将两组试件同时置于 60 °C 恒温水槽中保温 30 ~ 40 min，将马歇尔试验仪的上下压头放入水槽或烘箱中达到同样温度。

（3）取出压头擦干水后安装在试验仪上，将试件取出置于下压头上，盖上上压头，将自动马歇尔试验仪的压力传感器、位移传感器正确连接，并将压力和位移调零。

（4）启动加载设备，使试件承受荷载，加载结束自动停止并记录下稳定度和流值。试验设备如图 5-19 所示，计算公式如下：

$$MS_0 = \frac{MS_1}{MS} \times 100 \tag{5-19}$$

式中：MS——试件的稳定度（kN）；

MS_0——试件的浸水残留稳定度；

MS_1——试件浸水 48 h 后的稳定度（kN）。

图 5-19　浸水马歇尔试验

3. 试验现象及结果分析

SMA 沥青混合料目标配合比浸水前后马歇尔试验现象如图 5-20、图 5-21 所示。

（a）浸水前

（b）浸水后

图 5-20　玄武岩纤维 SMA 沥青混合料试件浸水前后马歇尔试验

(a)浸水前

(b)浸水后

图 5-21 木质素纤维 SMA 沥青混合料试件浸水前后马歇尔试验

(1)玄武岩纤维沥青混合料试件浸水前，产生一些方向不定的小裂缝，完整性较好，浸水后发生些许变形，向外突出，但没有产生明显裂缝；木质素纤维沥青混合料试件在浸水前的马歇尔试验中已经产生较为明显的裂缝，且局部边缘裂缝更大，有掉落的趋势，在浸水后这种现象更加明显，不仅发生横向变形严重，局部边缘即将与试件分离。

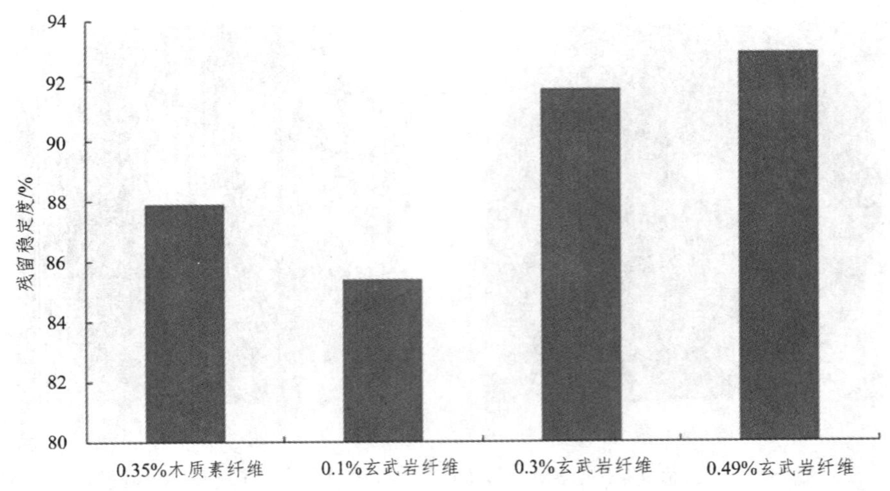

图 5-22 残留稳定度试验对比结果

（2）试验结果显示（图 5-22）：随着玄武岩纤维掺入量的增加，混合料的残留稳定度 *MS* 都显著提高，除掺量为 0.1%外，玄武岩纤维混合料比木质素纤维混合料冻融残留稳定度 *MS* 分别提高 4.32%和 5.69%。通常情况下，沥青混合料在经受马歇尔试验时，试件受到剪力和压力的共同作用，其值可以间接地反映出混合料承受剪压力共同作用时的变形能力。纤维沥青混合料的强度来源于三个方面，一是纤维沥青自身的强度，二是沥青与集料由于分子力产生的界面强度，三是集料颗粒之间相互嵌挤形成的强度。与木质素纤维相比，玄武岩纤维自身的强度高于木质素纤维，且加入玄武岩纤维后，增加了沥青混合料中结构沥青的比例，使得沥青与集料结合得更加紧密,因此稳定度和浸水后稳定度都有所提高。

5.5 本章小结

（1）采用响应曲面法在马歇尔指标期望值条件下对玄武岩纤维 SMA-13 中纤维掺量、纤维长度以及油石比进行优化设计。采用中心复合设计（CCD），基于三因素三水平 18 组独立试验，以马歇尔试验指标作为响应指标，构建了空隙率、矿料间隙率、沥青饱和度、稳定度、流值与各影响因素的等高线图及响应曲面图，根据各影响因素排序，提出了基于响应曲面法对沥青混合料马歇尔指标进行函数拟合并优化出在马歇尔指标期望值下的玄武岩纤维 SMA-13 沥青混合料的最佳参数。

（2）根据车辙试验结果，提出了玄武岩纤维 SMA-13 沥青混合料动稳定度随纤维掺入量变化模式，揭示了玄武岩纤维对 SMA-13 沥青混合料高温性能的改善机理。

（3）根据低温抗裂试验结果，提出了玄武岩纤维 SMA-13 沥青混合料弯曲破坏应变随纤维掺入量变化模式，揭示了玄武岩纤维增强 SMA-13 沥青混合料劲度模量、增加混合料内部黏聚力、提高混合料低温性能的机理。

（4）根据冻融劈裂和浸水马歇尔试验结果，发现了玄武岩纤维、木质素纤维 SMA 沥青混合料试件冻融、浸水前后裂缝发生发展规律，提出了玄武岩纤维 SMA-13 沥青混合料残留强度比、残留稳定度随纤维掺入量变化模式。

（5）根据试验结果，可以提出三施高速公路玄武岩纤维 SMA-13 沥青混合料的配合比设计技术要求和性能技术要求，如表 5-11、表 5-12 所示。

表 5-11　玄武岩纤维 SMA 配合比设计技术要求

检验项目	技术要求
击实次数/次	双面各 75 次
空隙率/%	≥3.0
稳定度/kN	≥8.0
流值/mm	≥2.0
矿料间隙率 *VMA*/%	≥17

表 5-12　玄武岩纤维 SMA 性能技术要求

性能指标		单位	技术要求
高温稳定性	车辙试验动稳定度 *DS*	次/mm	≥5 000
低温抗裂性能	低温弯曲破坏应变（−10 °C）、加载速率 50 mm/min）	με	≥2 800
水稳定性	浸水马歇尔试验残留稳定度	%	≥80
	冻融劈裂试验残留强度比	%	≥80

第 6 章

PART SIX

玄武岩纤维材料增强沥青混凝土性能微观分析

玄武岩纤维沥青混合料的路用性能不仅与材料自身的性能，而且还与结构的微观结构及特征有关。本章通过微观技术手段观察 SMA-13 沥青混合料、玄武岩纤维 SMA-13 沥青混合料试样内部以及断裂面特征。

6.1 试样制备及图像采集

6.1.1 扫描电镜试样

扫描电镜试验所用试样来自沥青混合料的劈裂断裂面，为了使取样具有代表性，能表现出劈裂断裂面的微观结构特征，以及玄武岩纤维在沥青混合料的分布状态和受力状态，在同一马歇尔试件的劈裂断裂面取多个试样。

6.1.2 X-射线 CT 三维扫描试样

X-射线工业 CT 三维扫描试验所用试样来自沥青混合料的马歇尔试验，为了使取样具有代表性，能表现出结构的三维微观特征，在同一马歇尔试件中制取直径为 2.0 cm，高度为 2.0 cm 的圆柱形试样多个。

6.2 SMA-13 沥青混合料扫描电镜微观分析

扫描电镜图像分析属于直接测试法，扫描电镜是通过其高分辨率的图像测试技术直接观察物质的微观结构。扫描电镜是通过高能电子束在物质的表面进行扫描，高能电子束跟物质产生相互作用然后产生特征信息，最后将这些特征信号转变为图像信号。

为了更加直观和准确地观察玄武岩纤维在沥青混合料中的分散情况、同沥青的结合情况以及纤维贡献，采用 Phenom Pro 飞纳台式扫描电子显微镜（图 4-1）采集图像，观察试样断裂面的微观结构特征和玄武岩纤维在断裂面处的分布情况。

6.2.1 SMA-13 沥青混合料试样断裂面微观观察

图 6-1 为沥青混合料试样断裂面沥青与集料黏结处图像，图 6-2 为沥青混合料试样断裂面沥青块状撕裂图像，图 6-3 为沥青混合料试样断裂面沥青条状撕裂图像。

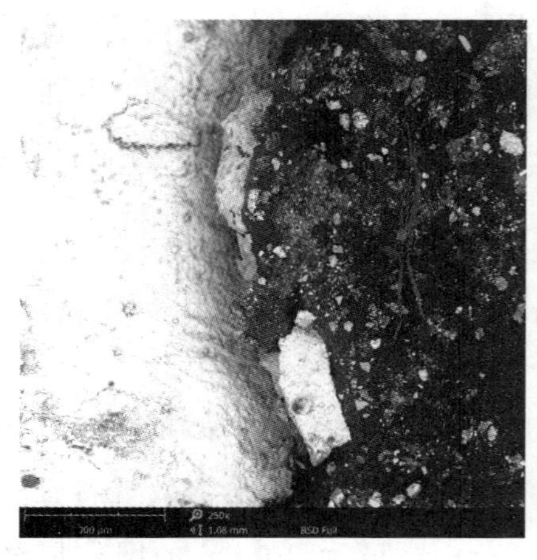

（a）250 倍

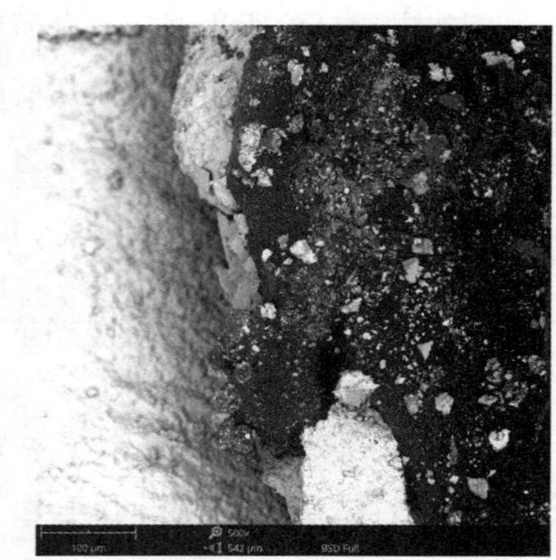

（b）500 倍

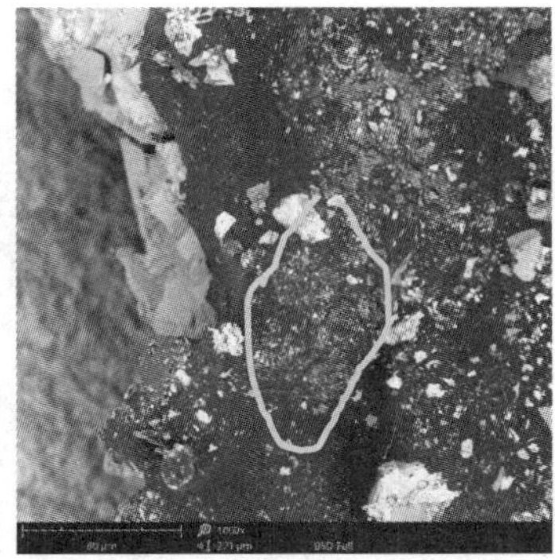

（c）1000 倍　　（d）2000 倍

图 6-1　SMA-13 混合料中沥青与集料的黏结处微观照片

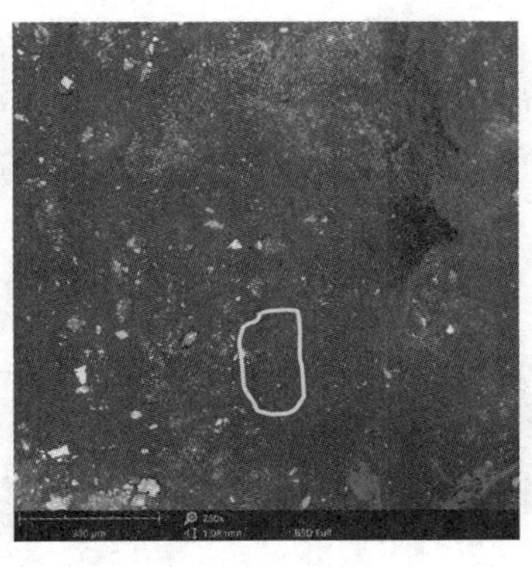

（a）250 倍

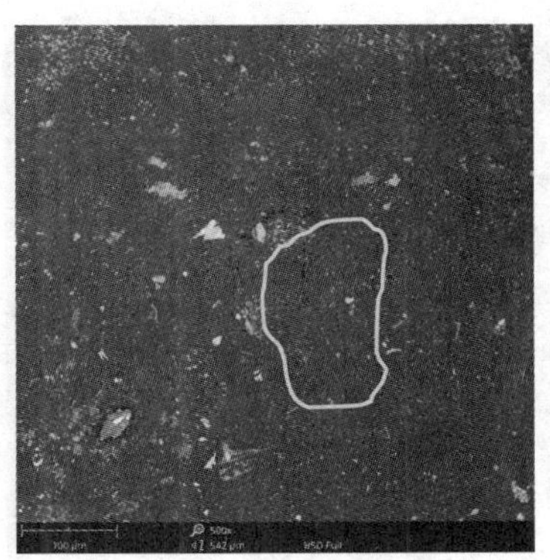

（b）500 倍

（c）1000 倍

（d）2000 倍

图 6-2　SMA-13 混合料中沥青块状撕裂微观照片

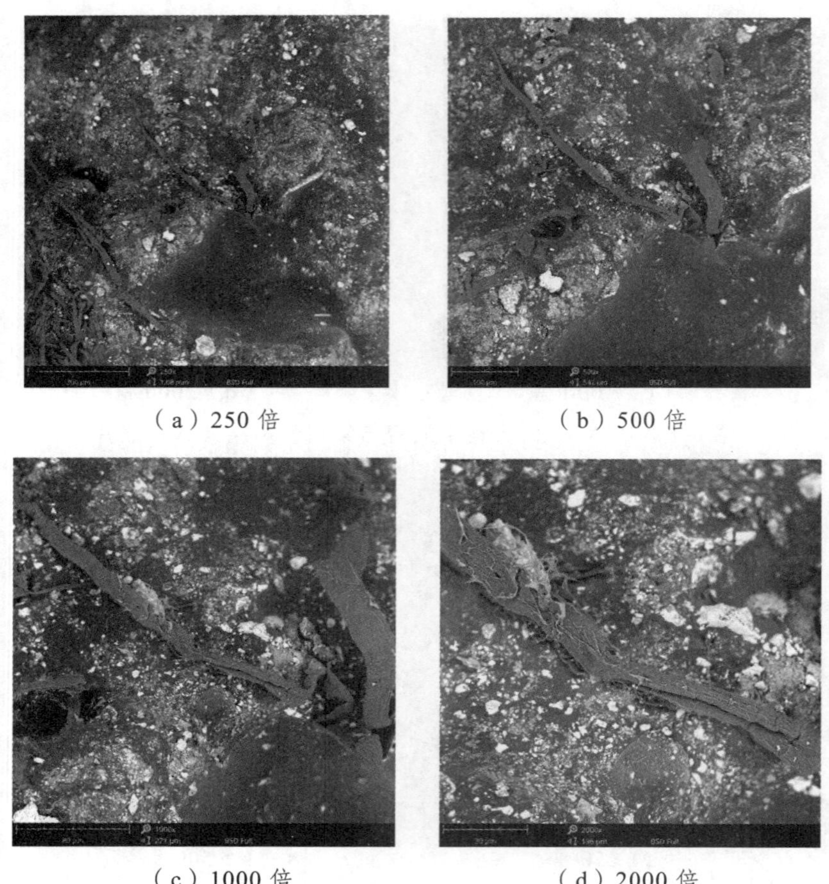

（a）250 倍　　（b）500 倍

（c）1000 倍　　（d）2000 倍

图 6-3　SMA-13 混合料中沥青条状撕裂微观照片

从图中可以看出：

（1）SMA-13 沥青混合料存在明显的宏观结构缺陷，即其内部有较大的空隙和裂缝。在外力作用下材料内部产生微小裂缝，在外力的持续作用下，裂缝迅速发展，混合料有效承载面积迅速减小，直至材料发生断裂。

（2）明显发现 SMA-13 混合料中沥青膜不完整，断裂面处有许多裂缝，同时沥青与集料间局部存在黏结不紧密，有裂缝或微裂缝存在。

（3）断裂面处沥青发生明显的块状和条状韧性断裂。断裂位置一般是在孔隙周围或沥青与集料界面微裂缝处等高应力集中区域出现，属于高应变区发生抗撕裂拉断破坏。

6.2.2 玄武岩纤维 SMA-13 沥青混合料试样断裂面微观观察

图 6-4 ~ 图 6-8 为多个试样玄武岩纤维 SMA-13 混合料断裂处微观图像。

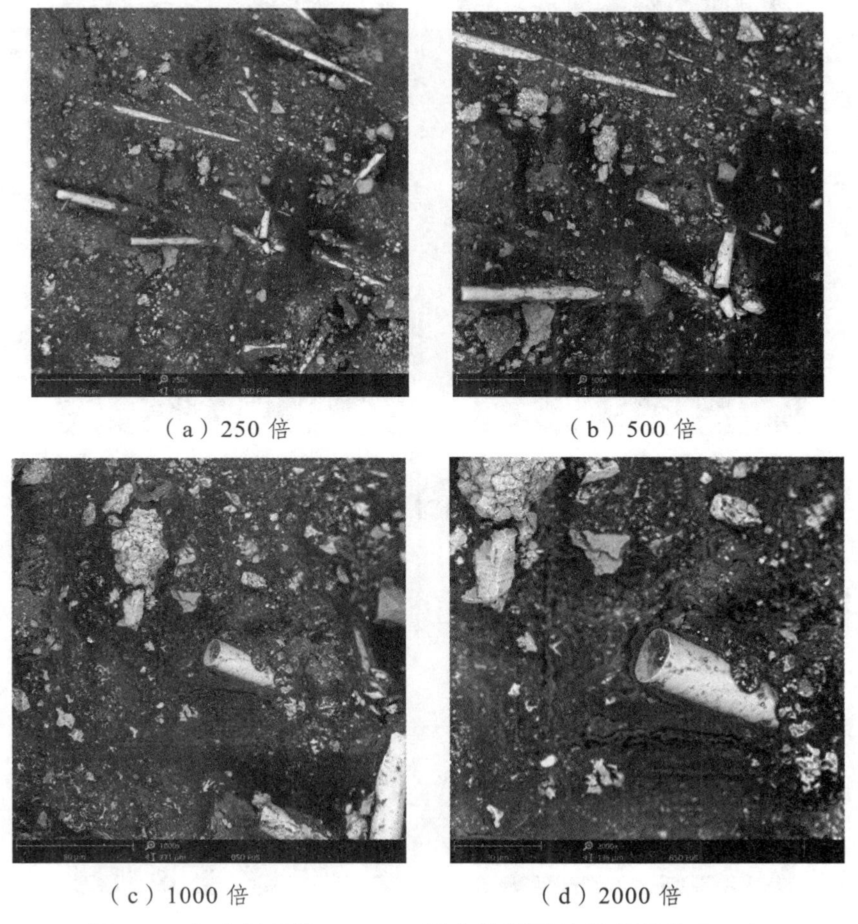

（a）250 倍　（b）500 倍

（c）1000 倍　（d）2000 倍

图 6-4　玄武岩纤维 SMA-13 混合料断裂处微观照片（一）

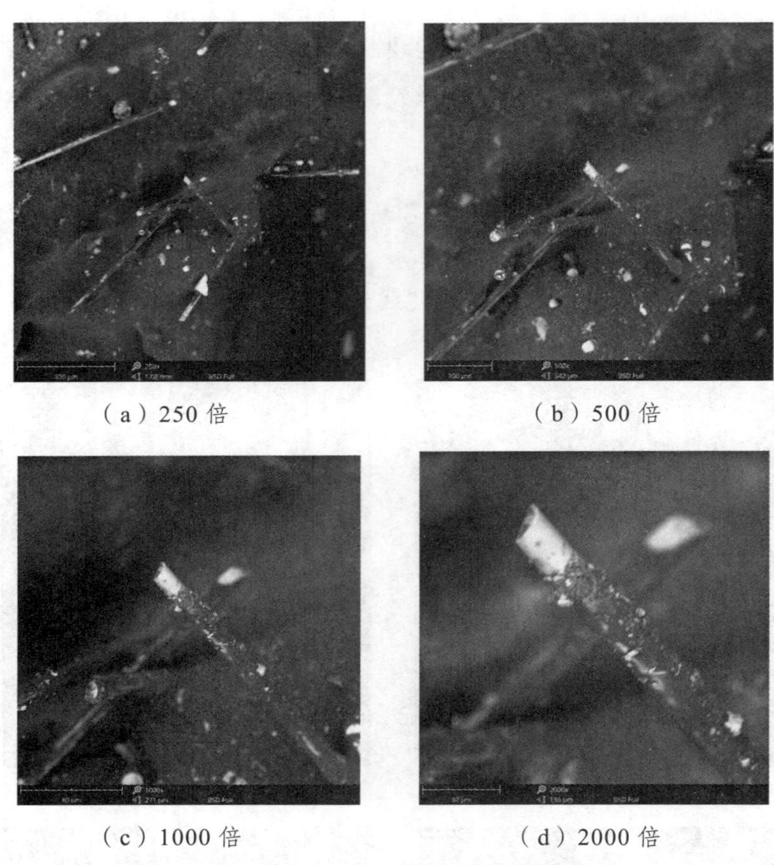
(a) 250 倍　(b) 500 倍
(c) 1000 倍　(d) 2000 倍

图 6-5　玄武岩纤维 SMA-13 混合料断裂处微观照片（二）

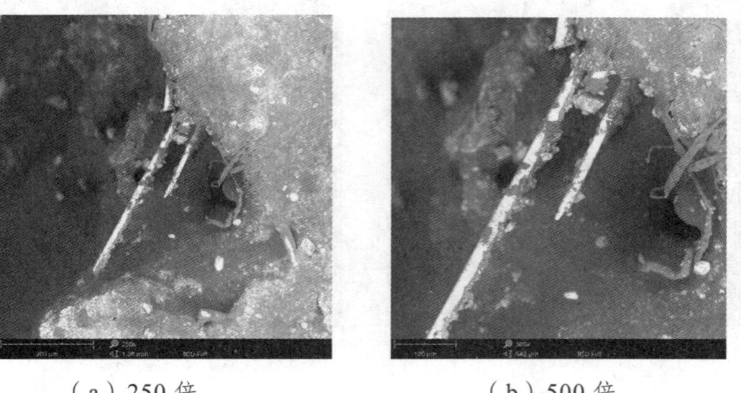
(a) 250 倍　(b) 500 倍

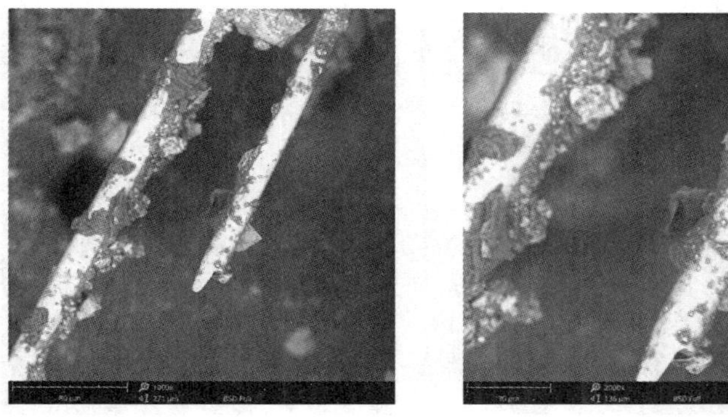

（c）1000 倍　　　　（d）2000 倍

图 6-6　玄武岩纤维 SMA-13 混合料断裂处微观照片（三）

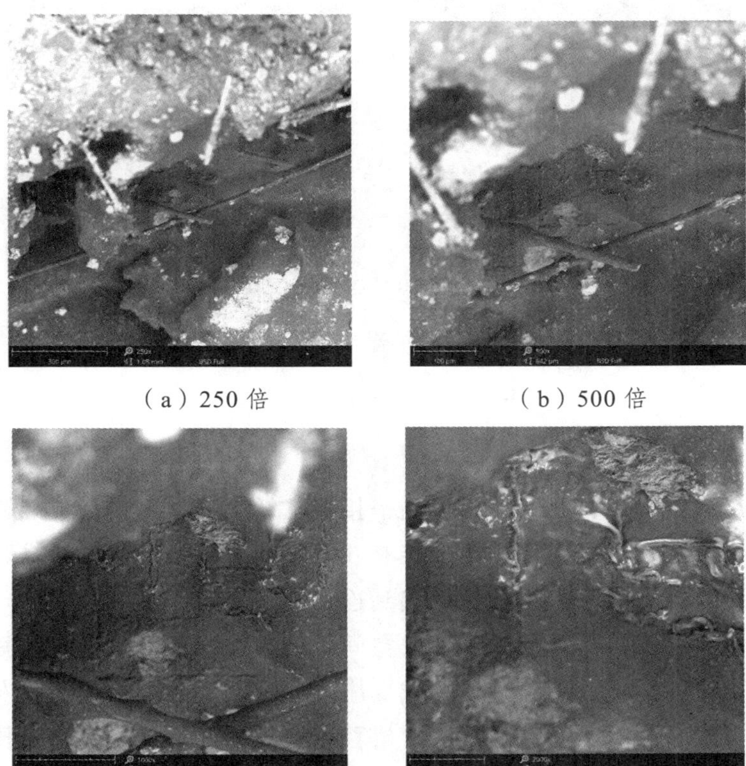

（a）250 倍　　　　（b）500 倍

（c）1000 倍　　　　（d）2000 倍

图 6-7　玄武岩纤维 SMA-13 混合料断裂处微观照片（四）

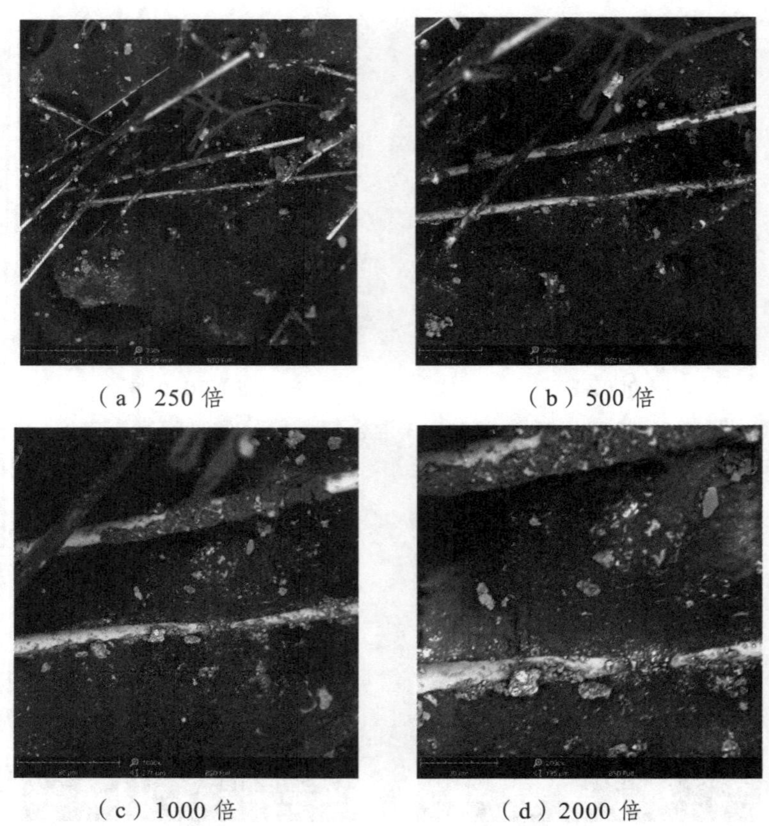

（a）250 倍　　（b）500 倍

（c）1000 倍　　（d）2000 倍

图 6-8　玄武岩纤维 SMA-13 混合料断裂处微观照片（五）

从图中可以看出：

（1）玄武岩纤维在沥青中交错搭接，且纤维上粘连的沥青能够与周围的沥青形成良好的浸润界面，能有效阻止破裂面的产生。纤维之间相互搭接，可以形成骨架结构，以起到连接、加筋的作用。

（2）玄武岩纤维在沥青中形成空间结构，一方面，提高石料间的黏结力，可有效传递和消散应力，减少应力集中，防止裂缝产生和发展；另一方面，又避免了石料间的相对滑移，实现了沥青混合料的完整性。

（3）玄武岩纤维表面并不十分光滑，有很多细小的凹凸，保障了沥青胶浆与玄武岩纤维紧密结合成很大的接触面。实现了玄武岩纤维与沥青的良好浸润，以及纤维与沥青紧密融合成整体，发挥增强与黏性作用的除沥青本身外，还有纤维与沥青的结合部分，大大提高了沥青混合料的黏结力。

（4）几乎所有纤维均参与了受力，由于部分纤维与沥青粘连牢固而致使纤维被拉断。这说明由于玄武岩纤维与沥青良好的黏结性，玄武岩纤维自身的高抗拉强度在沥青混合料断裂时发挥了很大作用，可以对混合料内部应力进行重分布，实现阻裂功能。

（5）玄武岩纤维沥青混合料断裂面处，多数纤维凸出混合料断面。这说明在混合料受力时，玄武岩纤维本身的抗拉性、纤维与沥青之间的黏附性以及纤维缠绕在石料间对石料的包裹性均发生了作用，如同分布在水泥中的钢筋,玄武岩纤维也会分散一部分沥青混凝土集料间的拉力，使沥青混凝土保持良好的变形能力。

（6）断裂面微观图像发现，玄武岩纤维在沥青混合料分散不均匀，局部产生结团，难以在沥青中形成均匀骨架结构。因此，玄武岩纤维沥青混合料拌和均匀性非常重要。

6.3 X-射线工业 CT 三维扫描微观分析

X-射线工业 CT 三维扫描技术是利用 X 射线对研究对象内外部的三维结构进行扫描，该技术可以在不破坏构件的情况下以 3D 形式对其内部特征（如孔隙、裂缝以及损伤等）进行检测。

X-射线工业 CT 三维扫描技术是利用 X 射线作为放射源对构件进行扫描，构件的不同组成成分具有不同的密度，其对 X 射线具有不同的吸收能力，当 X 射线透过构件后具有不同程度的衰减，探测器接收到的 X 射线强度因构件成分的物质密度也就各有差异，最后计算机将 X 射线强度以 CT 值的形式记录下来，构件图像以对应像素灰度值的形式表示，即 CT 图像，便可得到研究对象的 3D 图像。X-射线工业 CT 三维扫描系统主要包括 X 射线源、辐射探测器、数据采集系统、计算机等辅助设施。

图 6-9 为 X-射线工业 CT 三维扫描技术的工作原理示意图。

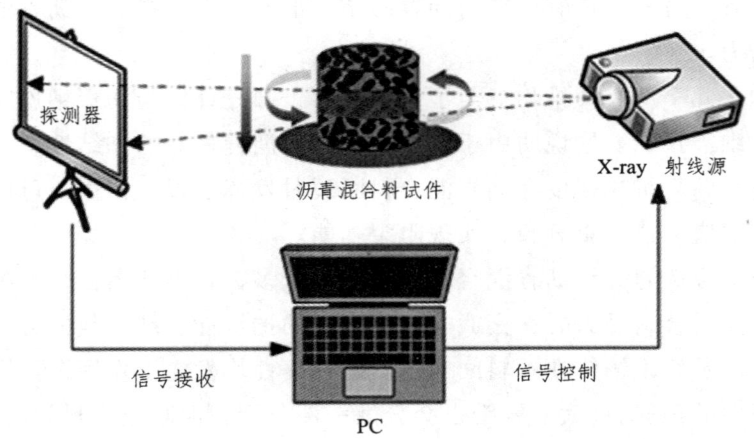

图 6-9 X-射线工业 CT 三维扫描技术的工作原理示意图

通过 X-射线工业 CT 三维扫描后的玄武岩纤维增强沥青混合料试件能较为真实地反映其内部细观结构。将沥青混合料试件的 CT 图像导入 VG Studio 等三维可视化软件中便可得到其 3D 视图及不同方向切面，从而对沥青混合料内部结构进行详细分析。

本研究采用天津三英精密仪器股份有限公司生产的 nanoVoxel2740E型开管透射式高分辨率工业CT三维扫描综合分析系统，如图6-10所示。

图 6-11 为 SMA-13 沥青混合料试样三维视图，图 6-12 为 SMA-13 沥青混合料试样三维 CT 扫描图。图 6-13～图 6-16 分别为玄武岩纤维 SMA-13 沥青混合料试样三维视图和玄武岩纤维 SMA-13 沥青混合料试样三维 CT 扫描图。

（a）整体图

（b）内部图

图 6-10　nanoVoxel2740E 型工业 CT 三维扫描综合分析系统

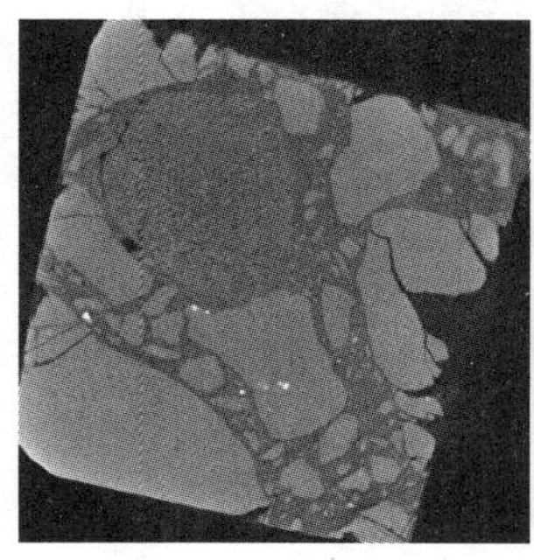

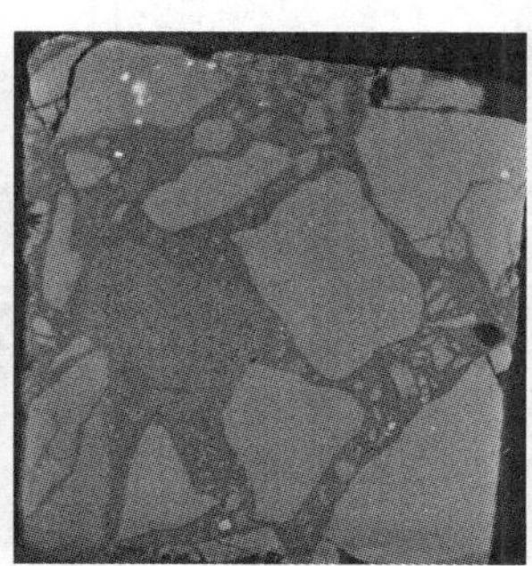

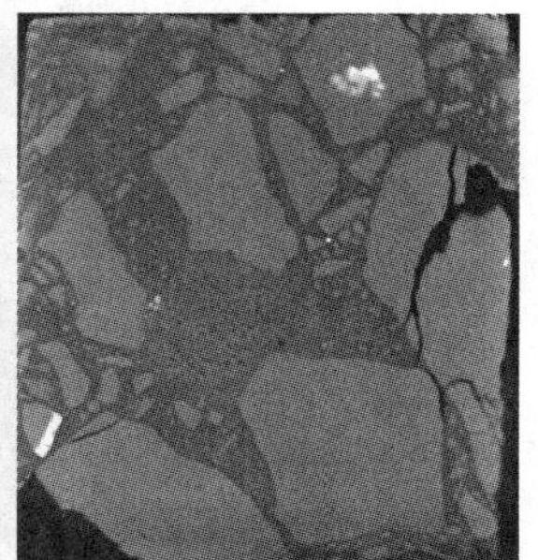

图 6-11　SMA-13 沥青混合料试样三维视图

图 6-12　SMA-13 沥青混合料试样三维 CT 扫描图

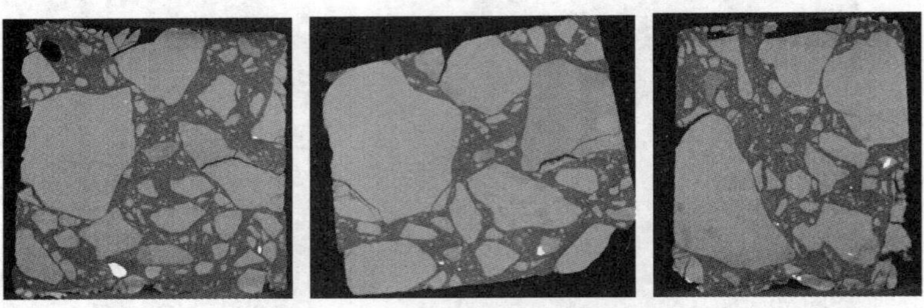

图 6-13　玄武岩纤维 SMA-13 沥青混合料试样三维视图（一）

图 6-14　玄武岩纤维 SMA-13 沥青混合料试样三维 CT 扫描（一）

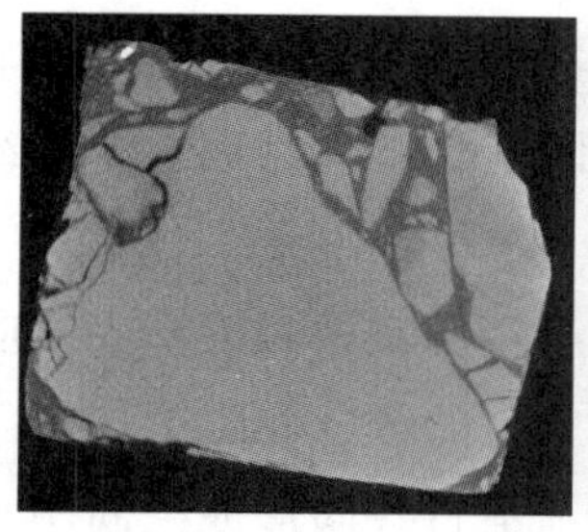
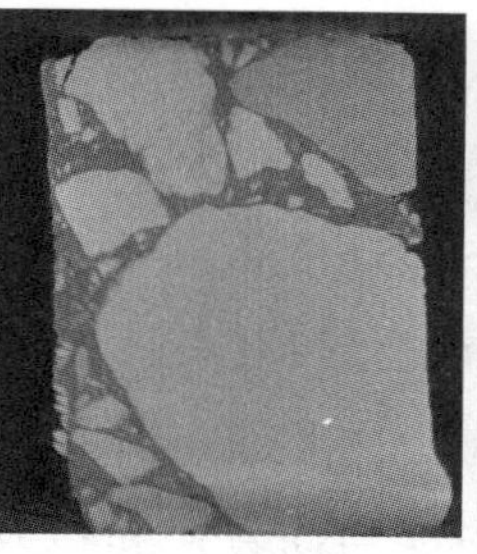
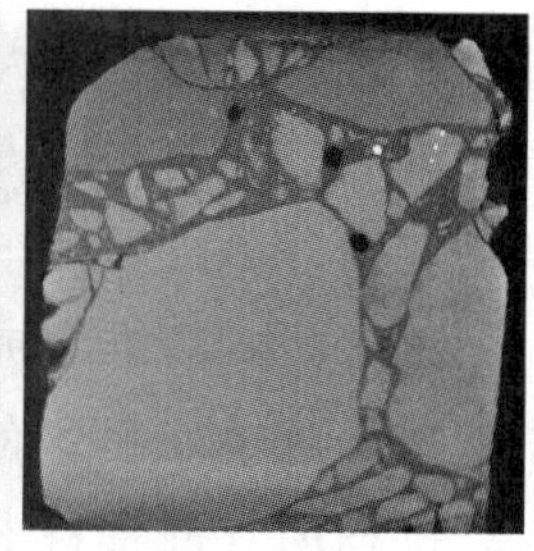

图 6-15　玄武岩纤维 SMA-13 沥青混合料试样三维视图（二）

图 6-16　玄武岩纤维 SMA-13 沥青混合料试样三维 CT 扫描图（二）

试验结果显示：

（1）SMA-13 沥青混合料和其他均值材料相比，结构相对松散且有明显的颗粒特性，因此该类型的复合材料存在明显的宏观结构缺陷：其内部存在较大的空隙和微裂缝。玄武岩纤维对沥青混合料中的空隙和微裂缝产生的应力集中有降低作用，从而减少其对沥青混合料破坏作用。

（2）根据过渡层理论和化学键理论，在玄武岩纤维表面形成了黏结力非常强的沥青薄膜层。这样玄武岩纤维之间以及玄武岩纤维跟集料之间都是通过黏结力非常大的沥青进行黏结。这样在一般的高温条件下玄武岩纤维和细集料在沥青混合料中形成的空间网状结构对粗集料的约束力就会增强许多，即抗车辙性能得到提高。

（3）玄武岩纤维的抗拉强度比较大，加筋作用对微裂缝产生的应力集中造成的破坏能起到有力的阻止，即起到应力的分散和阻裂作用。玄武岩纤维在沥青混合料中能与沥青矿粉以及细集料共同形成空间网状结构。玄武岩纤维在沥青混合料中形成的空间网状结构非常有利于应力的传递以及应力的扩散，从而减少沥青混合料内部形成的应力集中对其基体的破坏作用。

6.4 本章小结

6.4.1 扫描电镜试验

（1）SMA-13 沥青混合料存在明显的宏观结构缺陷，其内部有较大的空隙和裂缝。断裂面处沥青发生明显的块状和条状韧性断裂，属于高应变区发生抗撕裂拉断破坏。

（2）玄武岩纤维在沥青中交错搭接，且纤维上粘连的沥青能够与周围的沥青形成良好的浸润界面，能有效阻止破裂面的产生。纤维之间相互搭接，可以形成骨架结构，以起到连接、加筋的作用。

（3）玄武岩纤维在沥青中形成的空间结构，提高了石料间的黏结力，减少了结构内部应力集中，防止了裂缝的产生和发展，避免了石料间的相对滑移，实现了沥青混合料的完整性。

（4）玄武岩纤维表面与沥青胶浆紧密结合成很大的接触面，与沥青紧密融合成整体，大大提高了沥青混合料的黏结力。在混合料受力时，玄武岩纤维本身的抗拉性、纤维与沥青之间的黏附性以及纤维缠绕在石料间对石料的包裹性均发生了作用，由于部分纤维与沥青粘连牢固而致使纤维被拉断。

6.4.2 X-射线工业 CT 三维扫描

（1）SMA-13 沥青混合料内部存在较大的空隙和微裂缝，玄武岩纤维对沥青混合料中的空隙和微裂缝产生的应力集中有降低作用。

（2）在玄武岩纤维表面形成了黏结力非常强的沥青薄膜层，玄武岩纤维之间以及玄武岩纤维跟集料之间通过沥青进行黏结。整体路用性能得到提高。

第 7 章

PART SEVEN

玄武岩纤维沥青混凝土疲劳性能研究

沥青路面作为一种特殊的、长期供各种交通工具作用的“承载体”，其往往在未达到设计所需的年限而产生各种各样的破坏。沥青路面早期的破坏通常是在温度等因素的影响下而产生的温缩裂缝和及路面基层的反射裂缝，这些裂缝表现并不是很明显，对路面的使用也不会造成太大的影响，但在沥青路面使用寿命的后期，路面的裂缝也不断扩大，影响到正常的使用。这主要是由于在车轮荷载的作用下，沥青路面承受的应变和应力不断变化，其位置不同，大小也不同，沥青路面在经受这种长期的周而复始的轮载作用及温度荷载作用下，路面结构不足以承受荷载所产生的应力和应变而产生破坏，即形成疲劳开裂。

沥青玛蹄脂碎石混合料（SMA）是一种由沥青、纤维稳定剂、矿粉和少量细集料组成的沥青玛蹄脂填充间断级配的沥青混合料，可概括为“三多一少”，既粗集料多、矿粉多、沥青多、细集料少。SMA 是一种新型的路面材料，具有良好的路用性能：除具有良好的表面功能、抗滑、抗高温、抗车辙、减少低温开裂、平整度高、噪声小、能见度好等特点外，还具有路面抗变形能力强、不透水、使用寿命长、维修养护量小、易于施工和维修等优点。SMA-13 型沥青混合料加入纤维能极大改善其性能。

疲劳是指在重复荷载作用下沥青路面结构所产生的不可恢复的强度衰减所造成的一种损伤现象。近年来，随着交通量的逐年增加，特别是重载交通，沥青路面在运营期将会承受越来越多的荷载作用次数，同时承受由于温度变化所引起的温度应力的反复作用，从而会导致沥青面层内部产生局部缺陷和微裂纹。这些微裂纹和缺陷将在动态温度作用和荷载作用下不断扩展，沥青路面结构的强度会随之不断衰减，最终导致疲劳破坏产生，沥青路面出现裂缝。可见，沥青路面呈龟状开裂的疲劳裂缝主要与行车荷载重复作用的次数有关。裂缝在一定程度上能反映出不同材料的疲劳特性，疲劳耐久性又将直接影响沥青路面的使用寿命。为了保证沥青路面具有良好的使用性和耐久性，要求沥青混合料必须具有良好的耐疲劳性能。疲劳寿命是评价沥青路面服务年限的一个重要指标。

研究表明，在沥青路面中掺入纤维可有效地阻止或延缓裂缝的产生与扩展，从而延长沥青路面的疲劳寿命。玄武岩纤维具有强度高、耐久性良好、耐水性好以及适用性广的优点，故玄武岩纤维得到研究界的广泛关注。朱春风、樊兴华、马峰等人的研究都表明掺入玄武岩纤维能够提高沥青混合料的抗疲劳性能。Zheng 等研究表明掺入玄武岩纤维能够提高沥青混合料的低温抗裂性能和疲劳性能。倪秋萍等研究表明适当的玄武岩纤维掺量或长度可使沥青混合料的疲劳性能达到最佳。陈建荣等研究表明短切玄武岩纤维使得沥青混合料的疲劳耐久性得到了提高。刘克研究表明油石比太高时沥青路面就会出现泛油的情况，油石比太低时，沥青路面就会降低其稳定性和耐久性。虞将苗等对英国 Cooper、澳大利亚 IPC 和美国 James Cox & Sons 这三种沥青混合料四点弯曲疲劳试验机进行了对比研究，表明上述三种疲劳试验机的试验结果具有一致性，而 Cooper 和 IPC 疲劳试验机可获得滞后角和耗散能，这更加有利于对疲劳试验进行研究分析。

目前，弯曲疲劳试验有应力控制和应变控制两种主要的控制模式，国外疲劳试验大部分都采用应变控制方法，而国内则常采用应力控制方法。研究表明，在应变控制的疲劳试验过程中，混合料的应力应变状态更符合沥青路面实际情况。另外，沥青混合料是黏弹性材料，其模量与温度相关，并非定值。受其影响，实际工程中所测得的应变转化成的应力的精确度差。因此，应力控制模式疲劳试验得出的弯拉应力与疲劳之间的关系还有待改进，而应变控制模式得出的结果可直接应用。因此，本研究采用应变控制的弯曲疲劳试验进行沥青混合料抗疲劳性能研究。

重复弯曲疲劳试验（特别是四点弯曲试验）最符合实际路面的受力情形，以矩形梁四点弯曲疲劳试验作为沥青混合料疲劳性能研究标准试验更为合理。本章采用多功能气动伺服试验机进行四点弯曲疲劳寿命试验，测试了初始劲度模量、应力值、应变值、相位角、累积耗散能和疲劳寿命等指标。综上所述，不同的纤维掺量、不同的纤维长度以及不同的油石比对沥青混合料的疲劳性能的增强程度不同。经过马歇尔试验和响应曲面法得出，玄武岩纤维 SMA-13 沥青混合料的纤维最佳掺量为 0.49%，纤维最佳长度为 6 mm，最佳油石比为 5.65%。因此，通过四点弯曲疲劳试验对这种 SMA-13 沥青混合料和玄武岩纤维 SMA-13 沥青混合料的疲劳性能进行研究。

7.1 试验方法及条件

7.1.1 试验方法

四点弯曲疲劳试验，是用两个荷载作用点将小梁分为三等分，又名三分点弯曲疲劳试验。该方法使小梁跨中段的应力分布与中点弯曲疲劳试验一致，只受等值弯矩的作用，不受剪力作用，在其底部产生最大弯拉应力，在顶部出现最大压应力。加载示意图如图 7-1 所示。

试验温度为 15 °C，加载频率为 10 Hz，采用恒应变控制的连续偏正弦加载模式。试验终止条件为弯曲劲度模量降到初始劲度模量 50%对应的加载循环次数。

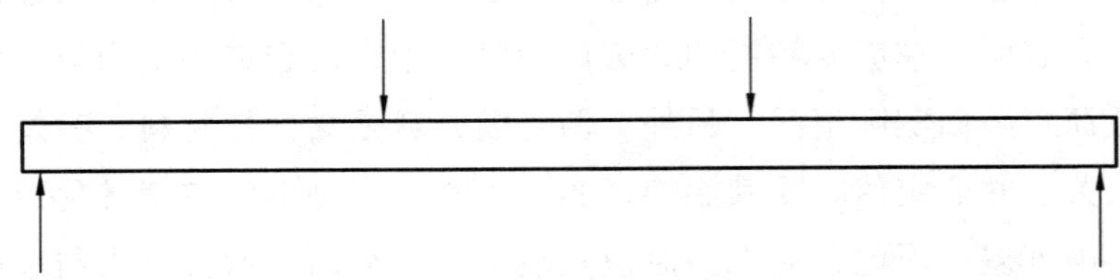

图 7-1 四点弯曲加载示意图

试验步骤如下：

（1）试验前将试件放在温度为 15 °C 条件下的环境箱内进行 4 h 以上的养生。

（2）将养护好的试件放入四点弯曲疲劳加载装置内，用夹具进行固定。

（3）使位移传感器 LVDT 滑轮接触试件表面，调整位移传感器到试件中部，LVDT 的读数尽可能接近于零。

（4）选择偏正弦加载模式，在试验参数设定界面输入试件的编号和尺寸、目标拉应变、加载频率（10 Hz）及试验终止标准等参数。

（5）在目标试验应变水平下预加载 50 个循环，计算第 50 个加载循环的试件劲度模量为初始劲度模量，作为确定试件疲劳失效判据的基准劲度模量。

（6）开始试验：当确定好初始劲度模量后，实验机应在 50 个循环内自动调整并稳定到试验所需要的目标拉应变水平，同时按选择的加载循环间隔监控和记录试验参数和试验结果，确保系统操作正确。

（7）当试件达到疲劳试验终止条件时，自动停止加载，试验结束后自动记录下试验参数以及试验数据。

7.1.2 试验条件

通常认为比较接近于实际路面所承受的荷载波形有两种：正弦波和半正弦波形。试件脱空现象在试验中难以避免，脱空对试件产生冲击，故将试验正弦波荷载的最小荷载设置为最大荷载的 2%。试验开始前，为使各部件接触良好，选择采用最小荷载对试件进行预加载。在路面承受车轮荷载的作用时，荷载作用并不是连续的，会有一定的间断时间，整个试验过程中都选择无间歇时间的疲劳试验。采用正弦波为该试验的荷载加载波形，加载波形如图 7-2 所示。

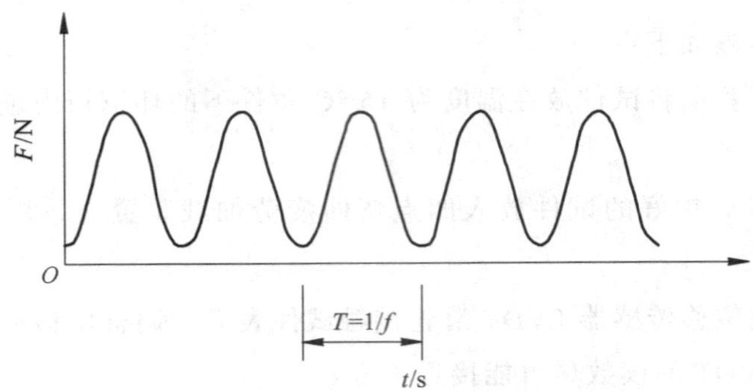

图 7-2　正弦波加载曲线（无间歇时间）

7.1.3　试样成型

每种成型沥青混合料试件的方法都有各自的特点，不同成型方法制得的试件会与实际路面的真实情况有很大的差别。四点弯曲疲劳小梁试件制备过程如下：混合料的拌和、碾压成型与小梁切割。按照《公路沥青路面施工技术规范》的操作要求制备沥青混合料，将拌和均匀的沥青混合料装入试模中，然后用振动碾压成型机高压振动成型，试件成型通过控制轮碾板高度成型（图 7-3）。试件成型 24 h 后拆模，利用红外数字控制切割机对试板进行切割（图 7-4），根据《公路工程沥青及沥青混合料试验规程》（JTG E20—2011），然后切割成长度为 380 mm、宽度为 63.5 mm、厚度为 50 mm 的小梁试件，利用多功能气动伺服试验机进行疲劳试验。为保证小梁足够干燥，试件切割 24 h 后方可进行疲劳试验，如图 7-5 所示。

图 7-3　试件成型

图 7-4　试件切割

图 7-5　疲劳试验

7.1.4 参数计算

1. 抗弯拉强度σ_t

$$\sigma_t = \frac{L \times P}{\omega \times h^2} \tag{7-1}$$

式中：σ_t——试件破坏时的抗弯拉强度（MPa）；

L——弯曲梁跨径（mm）；

P——最大荷载（N）；

ω——小梁宽（mm）；

H——小梁高（mm）。

2. 弯拉应变ε_t

$$\varepsilon_t = \frac{12\delta h}{3L^2 - 4a^2} \tag{7-2}$$

式中：ε_t——弯拉应变；

δ——小梁中心最大应变；

a——$L/3$。

3. 弯曲劲度模量S

$$S = \frac{\sigma_t}{\varepsilon_t} \tag{7-3}$$

S——弯曲劲度模量（MPa）。

4. 相位角φ

$$\varphi = 360 ft \tag{7-4}$$

式中：φ——相位角（°）；

f——加载频率（Hz）；

t——应变峰值滞后于应力峰值的时间（s）。

5. 单个循环耗散能 E_d

$$E_d = \pi \sigma_t \varepsilon_t \sin\varphi \tag{7-5}$$

E_d——单个循环耗散能（J/m^3）。

6. 累积耗散能 E_{CD}

$$E_{CD} = \sum_{i=1}^{n} E_{Di} \tag{7-6}$$

E_{CD}——疲劳试验过程中累积耗散能（J/m^3）。

为了全面分析玄武岩纤维 SMA-13 沥青混合料的疲劳性能，将对不同初始弯曲劲度模量的玄武岩纤维 SMA-13 沥青混合料（掺量为 0%和 4.9%）分别在 300με、400με、500με、600με应变水平下进行四点弯曲疲劳试验。

7.2 弯曲劲度模量

在不同的应变水平条件下，玄武岩纤维 SMA-13 沥青混合料弯曲劲度模量随循环次数的变化情况如图 7-6 所示。

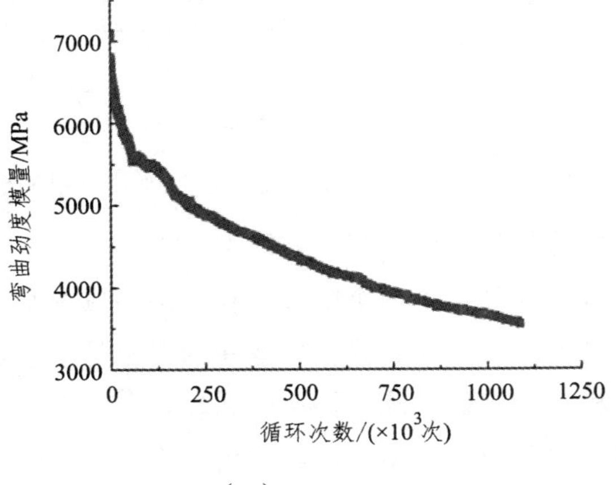

（a）300 με

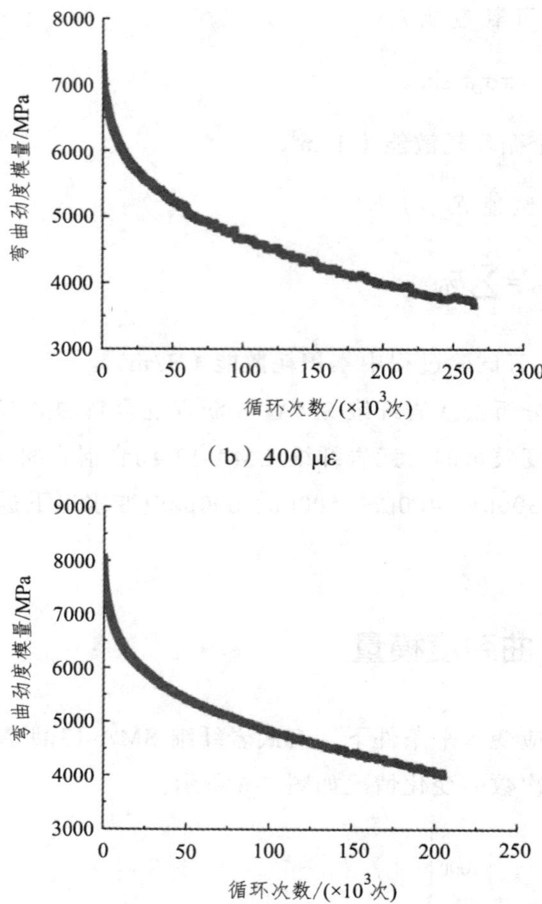

（b）400 με

（c）500 με

图 7-6　玄武岩纤维 SMA-13 沥青混合料弯曲劲度模量衰减图

由图 7-6 可清楚地发现，玄武岩纤维 SMA-13 沥青混合料弯曲劲度模量的衰减过程主要经历了两个阶段。在不同的应变水平条件下，第一阶段玄武岩纤维 SMA-13 沥青混合料弯曲劲度模量均急剧下降，第二阶段其弯曲劲度模量均缓慢下降，持续时间较长，接近于线性。其原因在于，第一阶段主要是由于在循环荷载作用下小梁试件内部的结构材料发生了重组以及试验过程所产生的热量所导致的；第二阶段是小梁试件在循环荷载作用下产生疲劳损伤的主要阶段，微裂纹的产生和扩展是需要能量的。由疲劳试验结果可知，应变水平越低，疲劳寿命就越长。从曲线的变化趋势来看，在哪个阶段都是应力水平越低，曲线斜率就越小。上述表明，试件所受到的外荷载越小，其弯曲劲度模量的衰减值就越小，会使得剩余弯曲劲度模量越大，这与试验过程中试件的损失行为相一致。

7.3 初始劲度模量

初始劲度模量与判定沥青混合料试件的疲劳寿命密切相关，其值为第 50 个加载循环的劲度模量（图 7-7）。三种不同应变水平下的四点弯曲疲劳试验结果表明，应变水平越高，沥青混合料的初始弯拉劲度模量越大。同时，对比 SMA-13 沥青混合料的初始劲度模量，发现玄武岩纤维掺入提高了 SMA-13 沥青混合料的初始弯拉劲度模量。实际上，一方面，玄武岩纤维掺入使沥青混合料的最佳油石比增大，沥青用量的增加会导致初始弯拉劲度模量下降。同时，基于纤维的加筋作用，更大限度地提高了混合料的初始弯拉劲度模量。

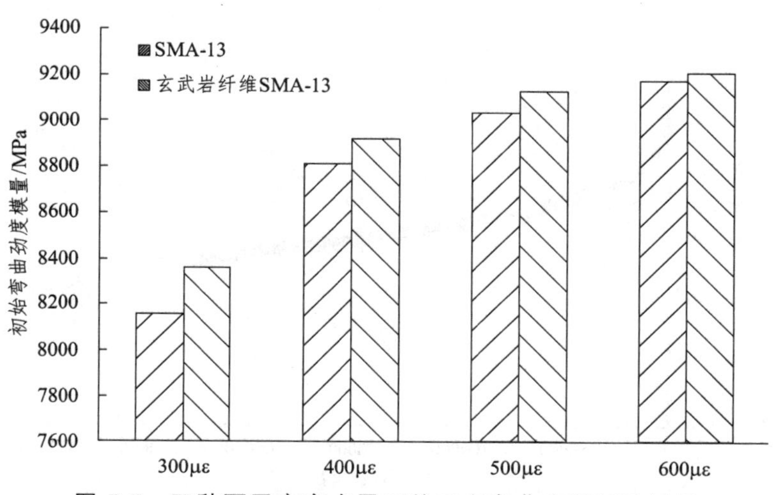

图 7-7 三种不同应变水平下的四点弯曲疲劳试验结果

7.4 弯曲劲度模量衰减率

每个交变循环荷载对应的弯拉劲度模量占初始弯拉劲度模量的百分比称为弯曲劲度模量衰减率。三种应变水平条件下的弯拉劲度模量衰减率与疲劳寿命关系如图 7-8 所示。

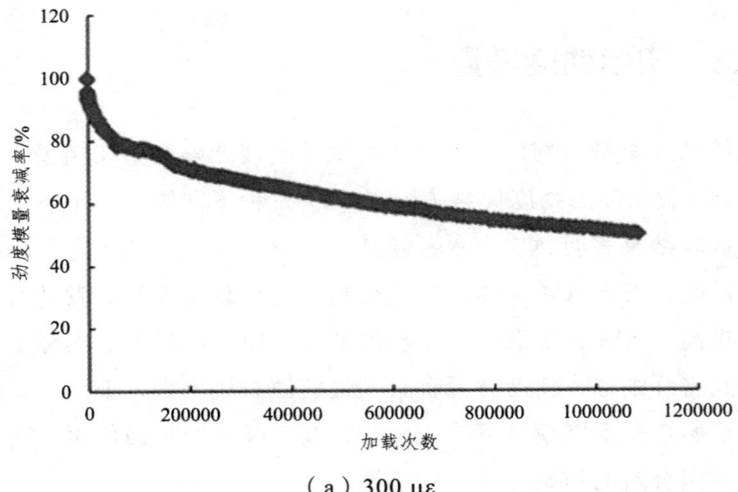

（a）300 με

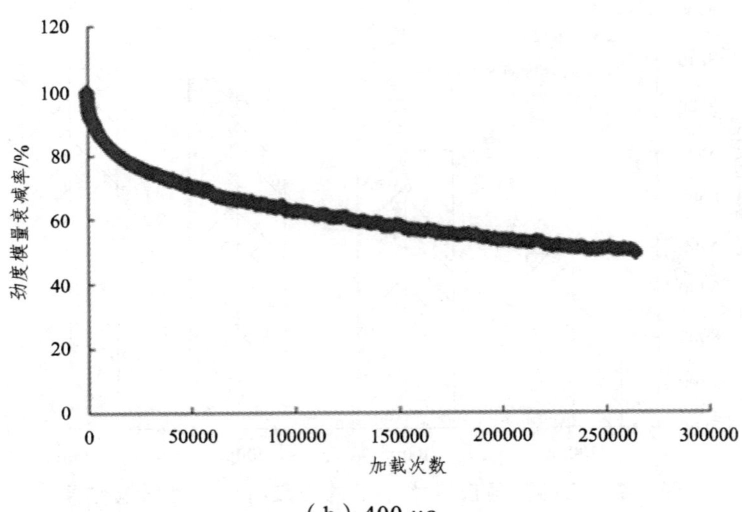

（b）400 με

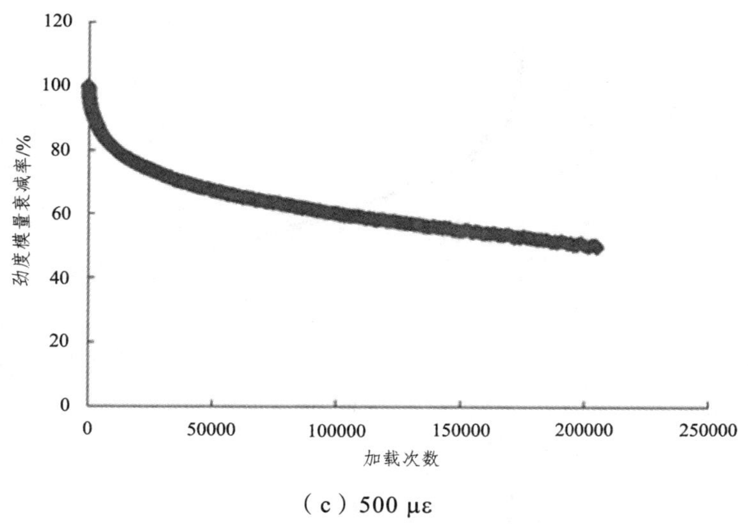

（c）500 με

图 7-8　不同应变水平时的弯曲劲度模量衰减率

从试验结果可以看出，不同应变水平时的沥青混合料弯曲劲度模量衰减率的变化趋势与上述的弯曲劲度模量的变化趋势相同。在初始劲度模量的 50%以前，分为两个阶段，第一阶段急剧下降，第二阶段下降缓慢，接近线性。

7.5　最大拉应力

在不同的应变水平条件下，玄武岩纤维 SMA-13 沥青混合料最大拉应力随循环加载次数的变化情况分别如图 7-9 所示。由图可发现，玄武岩纤维 SMA-13 沥青混合料最大拉应力的衰减过程与弯曲劲度模量的衰减过程类似，主要经历两个阶段。在不同的应变水平下，第一阶段玄武岩纤维 SMA-13 沥青混合料最大拉应力均急剧下降，第二阶段最大拉应力下降缓慢，近似于线性。该试验是在应变水平一定的条件下进行的，弯曲劲度模量先急剧下降后缓慢下降，故最大拉应力也随之发生相同的变化。

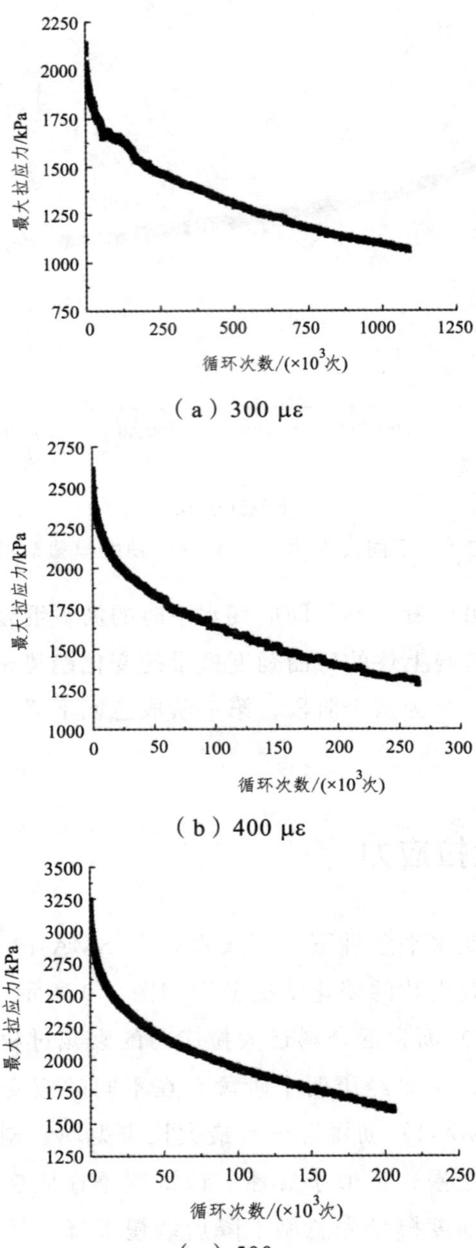

（a）300 με

（b）400 με

（c）500 με

图 7-9　玄武岩纤维 SMA-13 沥青混合料最大拉应力曲线

7.6 相位角

相位角主要用于反映沥青混合料的黏弹性的情况，相位角越小，沥青混合料越倾向于弹性，反之则越倾向于黏性。当相位角为 0°时，属于理想弹性体；当相位角为 90°时，属于纯黏性体；当相位角介于 0° ~ 90°之间时，属于黏弹性体。在 300 με、400 με、500 με的应变水平作用下，玄武岩纤维 SMA-13 沥青混合料相位角随循环次数的变化情况如图 7-10 所示。

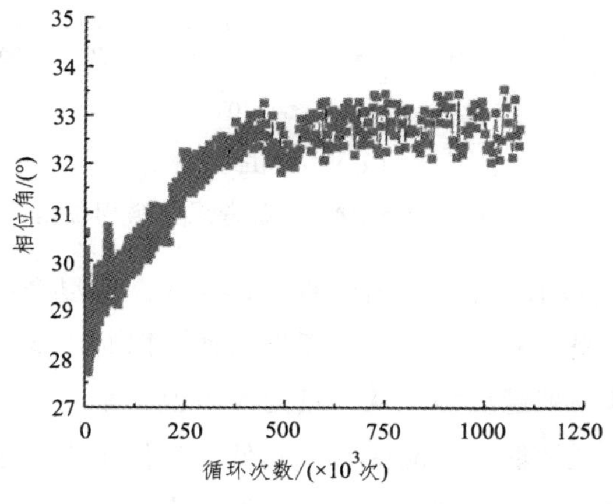

（a）300 με

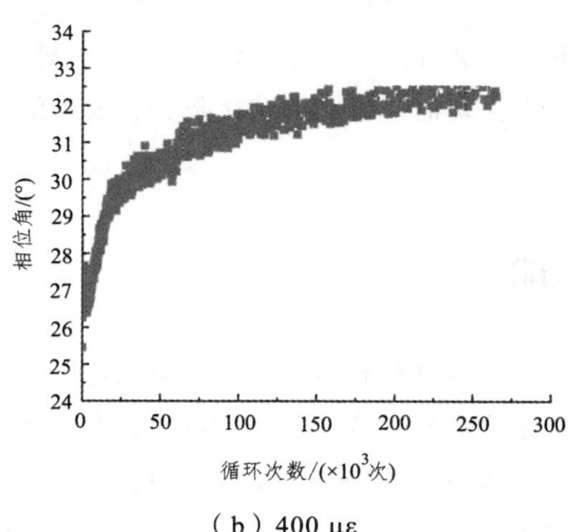

（b）400 με

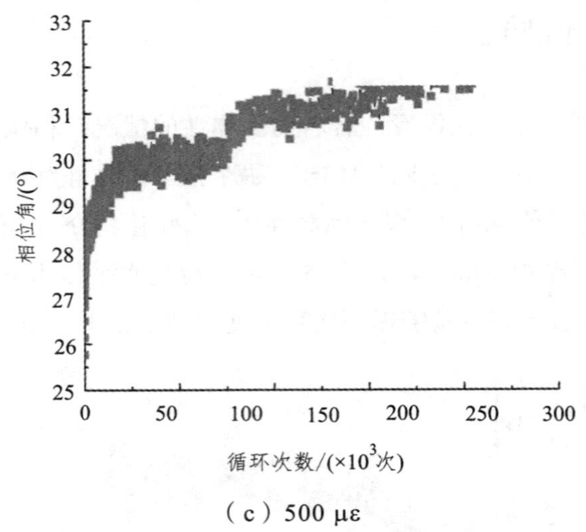

（c）500 με

图 7-10　玄武岩纤维 SMA-13 沥青混合料相位角的变化

从图 7-10 可以看出，玄武岩纤维 SMA-13 沥青混合料的相位角随着加载次数的增加呈现先急剧增加后缓慢增加，同时应变水平越低，后期相位角的增加速率就越缓慢。从能量角度来说，是由于前期单次耗散能大，而后期单次耗散能小，应变水平越低，其值越小。这表明玄武岩纤维 SMA-13 沥青混合料的黏弹性在加载过程中发生了变化，加载次数越多，黏性就越大。这是由于外荷载在试验过程中对试件进行做功，产生热量，导致温度升高，使沥青结合料的黏性增强。另外，应变水平越高，沥青混合料达到疲劳破坏时间短，循环次数少，也致使滞后角出现缓慢增加的趋势。

7.7　耗散能

沥青混合料是一种黏弹性材料，在循环荷载作用下，加载和卸载过程中应力应变曲线不会出现重合，从而形成滞回圈，可根据该滞回圈的面积确定耗散能。沥青混合料在 300 με、400 με、500 με的应变水平作用下，玄武岩纤维 SMA-13 沥青混合料每次加载下的耗散能随加载次数的变化情况如图 7-11 所示。耗散能的变化规律可以间接反映交变荷载作用下沥青混合料的疲劳损伤演变过程。由图可知，在不同的应变水平条件下，玄武岩纤维 SMA-13 沥青混合料每次加载下的耗散能随加载次数的增加而降低；应变水平越高，每次加载对沥青混合料的疲劳损伤就越大，相应的耗散能就越大。玄武岩的掺入可以明显提高沥青混合料的韧性，使沥青混合料的弹性恢复能力增加，每次加载下的耗散能减小。

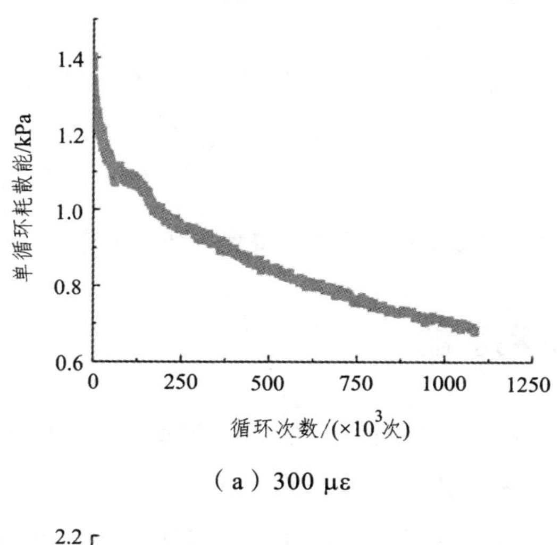

（a）300 με

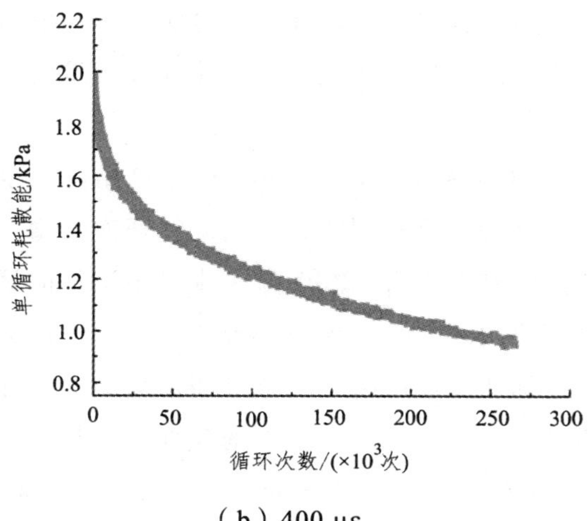

（b）400 με

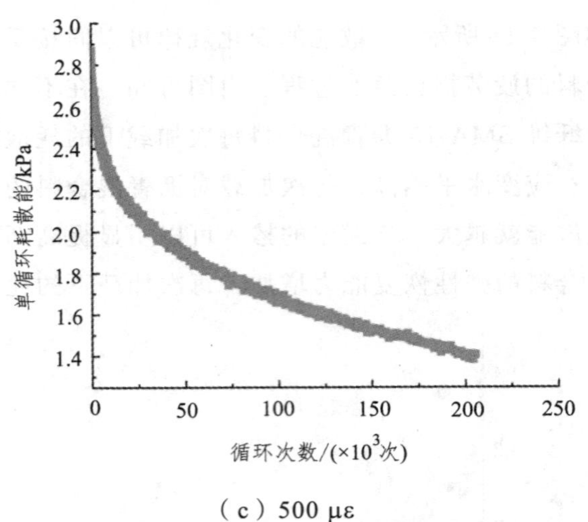

（c）500 με

图 7-11 玄武岩纤维 SMA-13 沥青混合料每次加载下的耗散能变化

7.8 累积耗散能

在循环荷载作用下，只有当累积的耗散能达到一定的量，沥青混合料才会发生疲劳破坏，沥青混合料的疲劳破坏是一个能量不断消耗的过程。断裂力学理论将材料的疲劳破坏看作是裂缝持续发展的过程，将每一个循环过程中损失的能量累积起来并转化为裂缝发展过程中产生新裂缝的表面能。

图 7-12 分别给出了在 300 με、400 με、500 με的应变水平作用下玄武岩纤维 SMA-13 沥青混合料累积耗散能随循环次数增加的变化情况。从累积耗散能的总体趋势来看，在各应力水平下试件的累积耗散能先以一定的速率增加，曲线斜率基本保持一致。随着循环次数的不断增加，曲线斜率变小，增加速率相应变小，这表明消耗的能量逐渐在减小。在试件的初始弯曲劲度模量一定时，施加的应变水平越大，其累积耗散能变化就越大；在施加的应力水平一定时，试件的初始弯曲劲度模量越大，其累积耗散能变化就越大。

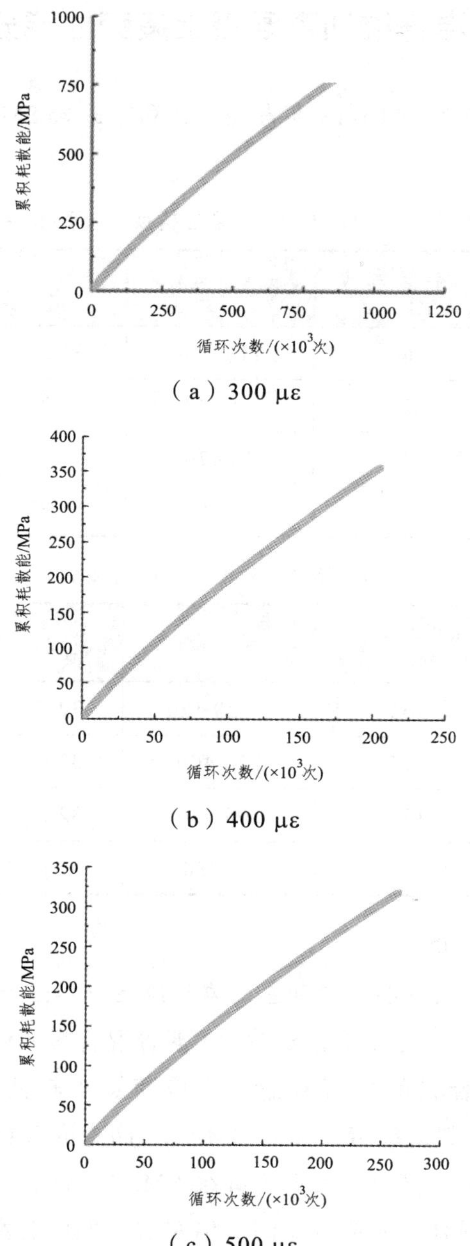

（a）300 με

（b）400 με

（c）500 με

图 7-12　玄武岩纤维 SMA-13 沥青混合料累加耗散能变化

7.9 玄武岩纤维沥青混凝土疲劳性能分析

表 7-1、表 7-2 为 SMA-13 沥青混合料和玄武岩 SMA-13 沥青混合料疲劳试验结果汇总。

表 7-1 SMA-13 沥青混合料疲劳试验结果

应变水平/με	初始劲度模量/MPa	疲劳寿命/次	相位角/(°)	累计耗散能/kJ/m³
300	8 160	213 270	31.56	486.24
400	8 821	54 650	32.75	179.38
500	9 035	46 820	30.93	159.29
600	9 176	13 250	31.87	136.81

表 7-2 玄武岩 SMA-13 沥青混合料疲劳试验结果

应变水平/με	初始劲度模量/MPa	疲劳寿命/次	相位角/(°)	累计耗散能/kJ/m³
300	8 362	1 120 520	32.71	935.62
400	8 925	270 400	32.03	356.21
500	9 136	208 930	32.25	318.57
600	9 213	26 280	32.68	286.15

由试验结果可知：

（1）SMA-13 沥青混合料和玄武岩纤维 SMA-13 沥青混合料四点小梁弯曲试验表明，玄武岩纤维 SMA-13 沥青混合料的疲劳寿命明显高于 SMA-13 沥青混合料的疲劳寿命。当应变水平较低时，玄武岩纤维 SMA-13 沥青混合料的疲劳寿命是 SMA-13 沥青混合料疲劳寿命的 5 倍左右；当应变水平较高时，玄武岩纤维 SMA-13 沥青混合料的疲劳寿命是 SMA-13 沥青混合料疲劳寿命的 2 倍左右。低应变水平下的疲劳寿命要远远高于高应变水平的疲劳寿命。

（2）在偏正弦波荷载的作用下，应变水平越高，沥青混合料小梁的变形幅度越大，劲度模量下降越快，梁内的微小裂纹扩展更快，梁体承受的荷载作用次数明显减少。对玄武岩纤维 SMA-13 沥青混合料小梁而言，由于纤维与沥青形成的三维交织的网络结构，提高了沥青混合料的整体性，减少了自由沥青的数量，在偏正弦波荷载作用下，混合料内部不会过早地产生剪切滑移，阻碍了细小裂纹的产生。同时，玄武岩纤维所具有的阻裂和搭筋作用，有效地抑制了沥青混合料内部细纹的继续扩大，使得沥青混合料所能承受的极限荷载作用次数更多，从而有效地提高了沥青混合料的疲劳寿命。

（3）沥青混合料的疲劳破坏来源于其强度下降和裂缝扩展，由于玄武岩纤维具有高强度和高模量，为沥青混合料强度的提高提供了有力的保证，使得在同等的应变水平下，玄武岩纤维沥青混合料能承受更高的弯拉应力，应力下降过程减慢，混合料所能抵抗的荷载作用次数相应提高。玄武岩纤维掺入沥青混合料后，其细小的单丝分散于混合料中，相互搭接，交织成网，阻碍了混合料中沥青的流动，提高了混合料的整体性，降低了混合料的塑性变形，增加了沥青混合料所能承受的变形次数，提高了疲劳寿命。由于混合料的破坏始于裂缝开展，沥青混合料内部的微小裂缝不断扩展后会最终导致混合料开裂。玄武岩纤维与沥青良好的吸附性和吸油性使得其在混合料中能够吸持更多的沥青，产生更多的“结构沥青”，束缚着沥青，让沥青在受力的情况下避免过早断裂形成裂纹。在微小裂缝产生后，纤维与纤维又互相搭接在一起，形成密实的骨架，抑制着细微裂纹的继续扩展，从而提高沥青混合料的疲劳性能。

（4）沥青混合料材料的不均匀在应力集中时会产生细微裂痕，随着荷载的进一步作用，细微裂痕会发生断裂并转化为微裂缝，微裂缝发育成熟，逐渐引起疲劳断裂破坏。沥青混合料中掺入玄武岩纤维后，在沥青胶浆中沥青与集料之间、集料与集料之间均存在乱向分布起加筋作用的纤维，从而能够阻止裂缝的进一步发展和扩散，同时玄武岩纤维能够吸收和消耗混合料断裂时所需的能量。同时，玄武岩纤维也能抑制细微裂痕的进一步发生，进而减缓裂缝的产生，最终减缓沥青混合料的疲劳破坏过程。综上所述，玄武岩纤维能够从多角度改善沥青混合料的疲劳性能。

7.10 本章小结

基于四点弯曲疲劳寿命试验，进行了 SMA-13 沥青混合料和玄武岩纤维 SMA-13 沥青混合料的疲劳性能研究。

（1）在不同的应变水平下，随着加载次数的增加，两种沥青混合料的弯曲劲度模量逐渐衰减。初始阶段急剧下降，之后弯曲劲度模量缓慢下降，持续时间较长，接近于线性。

（2）玄武岩纤维有效提高了 SMA-13 沥青混合料的初始弯拉劲度模量，应变水平越高，沥青混合料的初始弯拉劲度模量越大。

（3）在不同的应变水平条件下，玄武岩纤维 SMA-13 沥青混合料最大拉应力随循环加载次数的衰减模式与弯曲劲度模量的衰减类似。初始阶段急剧下降，之后弯曲劲度模量缓慢下降，持续时间较长，接近于线性。

（4）玄武岩纤维 SMA-13 沥青混合料的疲劳寿命明显高于 SMA-13 沥青混合料的疲劳寿命。当应变水平较低时，玄武岩纤维 SMA-13 沥青混合料的疲劳寿命是 SMA-13 沥青混合料疲劳寿命的 5 倍左右；当应变水平较高时，玄武岩纤维 SMA-13 沥青混合料的疲劳寿命是 SMA-13 沥青混合料疲劳寿命的 2 倍左右。低应变水平下的疲劳寿命要远远高于高应变水平的疲劳寿命。加入纤维后，降低了混合料对疲劳的敏感度，提高了其抗疲劳性能，对混合料的疲劳寿命有着显著提高。

第 8 章
PART EIGHT

玄武岩纤维沥青混合料施工及质量控制技术研究

8.1 试验路概况

2018 年 11 月 20 日—12 月 1 日期间，在施秉东互通 AK1+380 ~ AK1+600 上面层（SMA-13 沥青玛蹄脂碎石混合料）试验路段铺筑，路面结构如图 8-1 所示。针对试验路段现场铺筑完成后的实际情况，从下承层的准备、SMA-13 沥青玛蹄脂碎石混合料设计、生产、运输、摊铺、碾压、现场验证及施工质量控制要点等各个环节进行总结与分析。

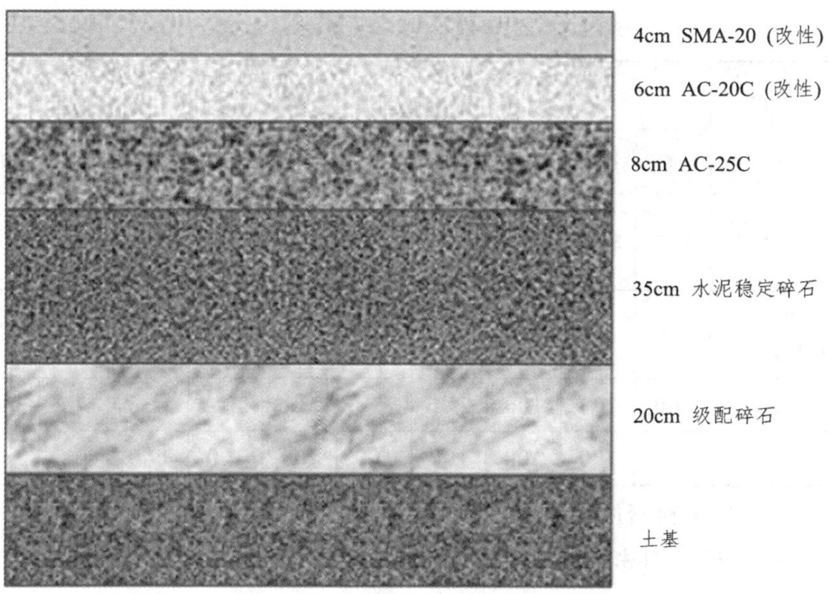

图 8-1　三施高速公路路面结构

8.2 试验路铺筑

8.2.1 SMA 配合比设计

为了满足工程实践的需要，在室内配合比设计阶段采用马歇尔设计方法中的设计体系进行 SMA-13 沥青混合料的矿料组成设计。需要说明的是，由于粗集料采用的是玄武岩强度较大，其马歇尔击实次数为双面 75 次。

1. 目标配合比设计

（1）材料

① 不同规格集料筛分

为了有效控制 SMA-13 沥青混合料级配组成，级配组成设计中采用矿粉、0 ~ 3 mm、5 ~ 10 mm（2#）和 10 ~ 15 mm（1#）四档规格集料，各档原材料具体筛分结果如表 8-1 所示。

表 8-1 各种规格矿料级配试验结果

类别	通过下列筛孔的百分率/%									
	16	13.2	9.5	4.75	2.36	1.18	0.6	0.3	0.15	0.075
10 ~ 15 mm（1#）	100	86.0	21.8	1.0	1.0	1.0	1.0	1.0	1.0	1.0
5 ~ 10 mm（2#）	100	100	100	6.2	1.2	1.2	1.2	1.2	1.2	1.2
0 ~ 3 mm	100	100	100	99.6	75.1	53.8	32.4	21.6	17.2	14.7
矿粉	100	100	100	100	100	100	100	99.0	90.0	76.1

② 各档集料密度测试

各种规格矿料密度试验结果如表 8-2 所示。

表 8-2　各种规格矿料密度试验结果

试验项目	技术要求	实测指标			
		10 ~ 15 mm	5 ~ 10 mm	0 ~ 3 mm	矿粉
表观相对密度 /（g/cm^3）	≥2.50	2.895	2.917	2.714	2.734
毛体积相对密度 /（g/cm^3）	≥2.50	2.835	2.838	2.600	—
吸水率/%		0.730	0.960	1.630	—

③ 其他材料密度试验

玄武岩纤维由贵州石鑫玄武岩科技有限公司生产，其密度为 2.9 g/cm^3；沥青采用中远海运国际贸易有限公司生产的 SBS 改性沥青，经检测其密度为 1.039 g/cm^3。纤维检测结果符合相关规定。

（2）混合料配合比设计

① 混合料级配范围

依据“施工图设计”的要求，上面层 SMA-13 混合料的级配范围见表 8-3。

表 8-3　SMA-13 混合料级配范围

筛孔 /mm	通过下列筛孔的百分率/%									
	16	13.2	9.5	4.75	2.36	1.18	0.6	0.3	0.15	0.075
上限	100	100	75.0	34.0	26.0	24.0	20.0	16.0	15.0	12.0
下限	100	90.0	50.0	20.0	15.0	14.0	12.0	10.0	9.0	8.0

② 矿料配合比计算

先确定 SMA-13 的三种级配（级配 A、级配 B、级配 C），4.75 mm 筛孔通过率分别为 22.9%、26.8%、30.7%，三种级配组成见表 8-4，级配曲线见图 8-2。分别测定三种级配的 VCA_{DRC}，初始油石比按照 5.6%双面击实 75 次制作试样，测定 VV、VMA、VFA 及 VCA_{mix} 等指标，在混合料指标满足技术要求的基础上确定级配，测试结果见表 8-5 和表 8-6。

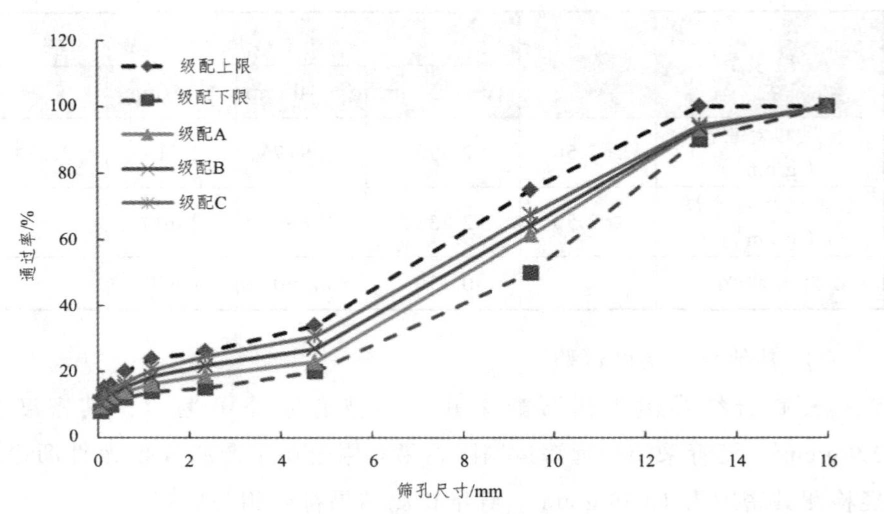

图 8-2　SMA-13 设计级配曲线

表 8-4　三种级配的设计组成结果

级配类型（1：2：细集料：矿粉）	通过下列筛孔的百分率/%									
	16	13.2	9.5	4.75	2.36	1.18	0.6	0.3	0.15	0.075
级配 A（49.5：30.0：11.0：9.5）	100	93.1	61.3	22.9	18.7	16.3	14.0	12.7	11.4	9.7
级配 B（45.5：30.0：15.0：9.5）	100	93.6	64.4	26.8	21.7	18.5	15.3	13.5	12.1	10.3
级配 C（41.5：30.0：19.0：9.5）	100	94.2	67.5	30.7	24.6	20.5	16.5	14.3	12.7	10.8

表 8-5　VCA_{DRC} 试验结果

级配类型	捣实容重/（t/m^3）	4.75 mm 通过百分率/%	粗集料毛体积密度/（g/cm^3）	粗集料骨架间隙率 VCA_{DRC}/%
级配 A	1.738	22.9	2.828	38.6
级配 B	1.664	26.8	2.828	41.2
级配 C	1.587	30.7	2.830	43.9

表 8-6　初试级配试验结果

级配类型	油石比/%	试件毛体积相对密度	计算理论最大相对密度	空隙率 *VV*/%	矿料间隙率 *VMA*/%	饱和度 *VFA*/%	粗集料骨架间隙率 VCA_{mix}/%
级配 A	5.6	2.448	2.578	5.0	17.5	71.1	37.2
级配 B	5.6	2.466	2.571	4.1	16.6	75.3	40.0
级配 C	5.6	2.492	2.565	2.8	15.4	81.5	42.6
要求	—	—	—	3 ~ 4	≥15.0	75 ~ 85	$\leqslant VCA_{DRC}$

由表 8-5 和表 8-6 可知，级配 B 体积指标满足要求，而级配 A、级配 C 体积指标不满足要求。因此，选择级配 B 为设计级配。

③ 马歇尔稳定度试验

按照级配 B 称取矿料，采用 3 种油石比，双面各击实 75 次成型马歇尔试件，然后将成型的试件进行马歇尔稳定度试验，试验结果列于表 8-7。

表 8-7　沥青混合料马歇尔试验结果

级配类型	油石比/%	毛体积相对密度	计算理论最大相对密度	空隙率 *VV*/%	矿料间隙率 *VMA*/%	饱和度 *VFA*/%	粗集料骨架间隙率 VCA_{mix}/%	稳定度/kN	流值/0.1 mm
SMA-13	5.7	2.449	2.582	5.2	16.9	69.5	40.2	9.14	32.5
	6.0	2.468	2.571	4.0	16.5	75.7	39.9	10.14	38.1
	6.3	2.486	2.560	2.9	16.1	82.1	39.6	8.90	43.0
要求	—	—	—	3 ~ 4	≥15.0	75 ~ 85	$\leqslant VCA_{DRC}$	≥8.0	—

④ 设计油石比的确定

根据 SMA 路面设计要求，空隙率应控制在 3% ~ 4.5%。本次油石比为 5.6%时的空隙率为 4.0%，其他指标（*VMA*、*VCA*、稳定度、饱和度等）均满足设计要求，选取 6.0%为设计油石比。

（3）谢伦堡沥青析漏试验

在试验温度 185 °C ± 2 °C 条件下，将混合料保温 1 h 后进行析漏测试，试验结果见表 8-8。

表 8-8　析漏试验结果

级配类型	油石比/%	析漏/%				要求/%
		1	2	3	平均	
SMA-13	5.6	0.006	0.006	0.005	0.006	≤0.2

（4）肯塔堡分散试验

将成型的马歇尔试件（双面各击实 75 次），在 20 °C ± 0.5 °C 水温下浸泡 20 h，然后采用洛杉矶磨耗试验机旋转 300 次进行飞散测试，试验结果见表 8-9。

表 8-9　飞散试验结果

级配类型	油石比/%	飞散率/%				要求/%
		1	2	3	平均	
SMA-13	5.6	2.7	2.7	2.9	2.8	≤5

（5）沥青混合料抗水损害试验

为了检验沥青混合料的抗水损害性能，进行了设计油石比下的沥青混合料的浸水马歇尔试验和冻融破裂试验，试验结果见表 8-10、表 8-11。

表 8-10 浸水马歇尔稳定度试验结果

级配类型	非条件（0.5 h）			条件（48 h）			残留稳定度 MS_0/%	要求/%
	空隙率/%	稳定度/MPa	流值/0.1 mm	空隙率/%	劈裂强度/MPa	流值/0.1 mm		
SMA-13	4.2	10.25	37.4	3.9	8.89	42.5	87.9	≥80
	3.7	9.86	36.8	4.3	8.43	43.8		
	3.8	9.95	37.2	4.0	9.10	41.6		
平均值	3.9	10.02	37.1	4.1	8.81	42.6		

表 8-11 冻融破裂试验结果

级配类型	非条件		条件		劈裂强度比 TSR/%	要求/%
	空隙率/%	劈裂强度/MPa	空隙率/%	劈裂强度/MPa		
SMA-13	5.3	1.173 6	5.7	1.031 8	90.6	≥80
	5.7	1.139 1	5.2	1.019 4		
	5.4	1.073 2	5.6	1.008 5		
	5.8	1.149 8	5.5	0.957 5		
平均值	5.6	1.108 9	5.5	1.004 3		

（6）动稳定度试验

在 60 °C ± 1 °C，0.7 MPa ± 0.05 MPa 条件下进行车辙试验以检验沥青混合料的高温稳定性，车辙试件空隙率结果及动稳定度试验结果分别见表 8-12、表 8-13。

表 8-12　车辙试件空隙率试验结果

试件组数	试件编号	毛体积相对密度	计算理论最大相对密度	空隙率/%
1	1	2.466	2.571	4.1
	2	2.473		3.8
	3	2.476		3.7
	平均	2.472		3.9
2	1	2.463		4.2
	2	2.468		4.0
	3	2.473		3.8
	平均	2.468		4.0
3	1	2.471		3.9
	2	2.463		4.2
	3	2.458		4.4
	平均	2.464		4.2

表 8-13　车辙试验结果

级配类型	油石比/%	动稳定度/（次/mm）					变异系数/%	
		1	2	3	平均	要求	实测值	要求
SMA-13	5.6	9 265	9 844	8 873	9 327	≥5 000	5.2	≤20

（7）低温抗裂性检测

在温度为 – 10 °C，速率为 50 mm/min 的条件下进行低温弯曲试验来检验沥青混合料的低温性能，试验结果见表 8-14。

表 8-14　小梁弯曲试验结果

试件编号	最大荷载/kN	跨中挠度/mm	抗弯拉强度/MPa	劲度模量/MPa	破坏应变/με	要求/με
1	1.482	0.520	12.25	4 551.1	3 291.0	≥3 000
2	1.386	0.481	10.72	4 174.2	3 168.5	
3	1.529	0.504	12.59	4 731.9	3 261.1	
4	1.531	0.486	12.26	4 672.7	3 224.4	
5	1.429	0.476	11.23	4 429.2	3 134.7	
6	1.443	0.498	11.28	4 327.9	3 207.0	
平均	1.467	0.494	11.72	41481.2	3 214.4	

（8）结论

通过混合料级配调试和相关验证试验，表明所设计的 SMA-13 改性沥青混合料的抗水损害性能、高温稳定性能和低温抗裂性能均满足“施工图设计”的技术指标要求。

矿料配合比及设计油石比如表 8-15 所示，设计油石比马歇尔体积指标如表 8-16 所示。玄武岩纤维掺量为沥青混合料的 0.49%。

表 8-15　矿料配合比及设计油石比

级配类型	矿料所占比例/%				油石比/%
	1#	2#	细集料	矿粉	
SMA-13	45.5	30.0	15.0	9.5	5.6

表 8-16　设计油石比马歇尔体积指标

级配类型	油石比/%	毛体积相对密度	计算理论最大相对密度	空隙率 *VV*/%	矿料间隙率 *VMA*/%	饱和度 *VFA*/%
SMA-13	5.6	2.468	2.571	4.0	16.5	75.7

2. 生产配合比验证

（1）验证方式

生产配合比的验证应分成试拌和试铺两个阶段来进行。生产配合比的设计结果应通过在拌和楼上进行试拌来验证。

（2）原材料

沥青：采用中远海运国际贸易有限公司埃索 SBS 改性沥青（I-D），其指标符合设计及规范要求。

砂石材料：瓮安铭洋矿业玄武岩料场生产的 1#料（10～ 15 mm）、2#料（5～10 mm）和长冲石料场生产的 3#料（3～5 mm）、机制砂 4#料（0～3 mm）。

矿粉：自产矿粉，矿粉各项指标均《公路沥青路面施工技术规范》（JTG F40—2004）中对沥青面层的要求及设计文件的要求。

（3）SMA-13 沥青混合料生产配合比设计

① 根据目标配合比 1#料（10～15 mm）：2#料（5～10 mm）：3#料（0～ 3 mm）：矿粉=45.5%：30%：15%：9.5%的比例作为拌和楼冷料进仓，经 1#仓（0～4 mm）、2#仓（4～7 mm）、3#仓（7～11 mm）、4#仓（11～16 mm）单挡试验二次筛分后和矿粉并掺配而成的混合料级配均符合设计要求，矿料级配组成分别为 4#仓：3#仓：2#仓：1#仓：矿粉=33%：32%：10%：13%：12%。SMA-13 工程设计级配范围及施工级配范围见表 8-17。

表 8-17　SMA-13 工程设计级配范围及施工级配范围

筛孔尺寸/mm	设计级配下限	设计级配上限	合成级配	施工级配下限	施工级配上限	混合料筛分结果
16.0	100	100	100.0	100	100	100.0
13.2	90	100	91.3	90	95	92.3
9.5	50	75	67.1	60	68	66.4
4.75	20	34	24.7	22	30	24.4

续表

筛孔尺寸/mm	设计级配下限	设计级配上限	合成级配	施工级配下限	施工级配上限	混合料筛分结果
2.36	15	26	21.6	18	24	21.8
1.18	14	24	18.6	16	22	19.0
0.6	12	20	15.8	13	19	16.3
0.3	10	16	13.5	11	17	13.9
0.15	9	15	10.5	9	15	10.8
0.075	8	12	9.1	9	13	10.4

② 根据材料检测结果，SMA-13 的级配范围定为 $1^{\#}$料：$2^{\#}$料：$3^{\#}$料：$4^{\#}$料：矿粉=33%：32%：10%：13%：12%，并取目标配合比设计的最佳油石比 5.6%±0.3%的 3 个沥青用量进行马歇尔试验和试拌试验，结果见表 8-18。

表 8-18 马歇尔试验技术指标

油石比/%	毛体积相对密度	计算理论最大相对密度	空隙率 *VV*/%	矿料间隙率 *VMA*/%	沥青饱和度 *VFA*/%	稳定度/kN	流值/mm
5.3	2.459	2.585	5.0	17.4	71.3	10.05	3.71
5.6	2.468	2.575	4.1	17.2	75.9	10.54	3.42
5.9	2.480	2.564	3.3	17.0	80.8	11.19	3.21

③ 根据最佳油石比的±0.3%的油石比确定生产配合比的最佳油石比用量。

④ 根据图解法油石比为 5.6%，取 5.6%的油石比为施工配合比的油石比，5.6%油石比下的马歇尔试验结果见表 8-19。

表 8-19　SMA-13 生产配合比最佳油石比马歇尔试验结果

油石比/%	毛体积相对密度/（g/cm^3）	空隙率/%	矿料间隙率 *VMA*/%	饱和度 *VFA*/%	稳定度/kN	流值/mm	残留稳定度/%
5.6	2.472	4.0	17.1	76.3	10.54	3.7	89.8
指标要求	—	3 ~ 5	≥17.0	75 ~ 85	≥8.0	≥2.5	≥80

验证结果表明，各项指标均符合规范要求。

8.2.2　试验路铺筑过程中的质量控制

试验路段选择在施秉东互通 AK1+380 ~ AK1+600 上面层。

1. SMA 沥青混合料拌制

（1）SMA-13 混合料的拌制

采用 4000 型间歇式拌和设备，施工前应对其计量设备进行标定，确保材料配比的可靠性和真实性。

拌和时严格控制温度，沥青加热温度控制在 160 ~ 170 °C 范围内，集料加热温度在 175 ~ 180 °C，填料不加热，沥青混合料出料温度控制在 170 ~ 185 °C，混合料超过 195 °C 废弃。每盘拌和时间不宜少于 60 s（其中干拌不少于 15 s）。由于 SMA-13 为间断级配且粗集料含量多，干拌时间过短易造成玄武岩纤维不易分散而使沥青胶结料分布不均匀，为避免上述现象，应确保干拌时间不少于 15 s。

同时，增设增加纤维称重系统，严格控制纤维掺量。玄武岩纤维投放及拌料情况如图 8-3、图 8-4 所示。

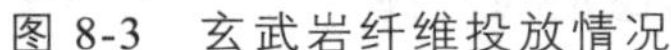

图 8-3　玄武岩纤维投放情况

图 8-4　拌和楼拌料情况

（2）室内成型马歇尔试件试验结果

在进行 SMA-13 混合料的试铺时，所取的 SMA-13 混合料为摊铺现场摊铺机摊铺后的路面取样，然后室内成型试件，具体试验结果见表 8-20。

表 8-20　试铺所用 SMA-13 混合料室内马歇尔试验

油石比	试件编号	毛体积相对密度 γ_C /（g/cm^3）	计算理论最大相对密度 γ_t /（g/cm^3）	矿料间隙率 *VV*/%	矿料间隙率 *VMA*/%	沥青饱和度 *VFA*/%	稳定度 *MS*/kN	流值 *FL* /0.1 mm
5.6%	1	2.462	2.575	4.1	17.1	75.4	9.92	35.4
	2	2.468	2.575	4.2	17.2	76.2	0.46	34.2
	3	2.469	2.575	4.0	17.0	75.6	10.89	37.0
	4	2.467	2.575	4.2	17.4	75.8	11.02	38.6
平均值		2.467	2.575	4.1	17.2	75.8	10.57	36.3

由以上表可以看出：

（1）从摊铺现场取料进行燃烧炉抽提筛分，结果与生产配合比合成级配差异不大，部分差异性可能是因为取料不均造成的。

（2）通过对生产配合比进行验证，其各项相关指标要求和生产配合比的设计结果相吻合，证明了施工单位各种原材料的质量稳定性，符合了设计指导施工的原则。

为了确保 SMA-13 混合料的拌和质量，拌和时要注意以下几个关键问题：

（1）在铺筑前，事先考察所需原材料的质量稳定性，同时对入库石料严把质量关，确保每种规格矿料整体稳定性。

（2）对拌和设备和投放设备定期与不定期进行检查与标定，减少人为因素的干扰，使得机械设备性能得以稳定的发挥。

（3）SMA 混合料在高温下拌和，不等于温度越高越好，温度过高，改性沥青会发生老化，失去黏结力，影响混合料质量。要随时观察出料冒烟的情况，如果冒的是白烟属正常情况，如冒浓浓的青烟，就应特别注意，立即检查温度是否超过规定值。

2. SMA 沥青混合料运输

在试验段的铺筑阶段，投入了 40 t 以上的自重式载重运输车辆，同时采取加盖苫布的保温措施。采用数字显示插入式热电偶温度计检测沥青混合料的温度。插入深度要大于 150 mm，在运料车侧面中部设专用检测孔。

3. SMA 沥青混合料的摊铺与压实

在试验段的铺筑阶段，采用不同吨位钢轮压路机进行路面的压实，通过采用表 8-21 所示碾压组合方式进行压实。摊铺与碾压现场如图 8-5、图 8-6 所示。

表 8-21　SMA 上面层试验路采用的碾压组合方式

类型	初压		复压		终压	
碾压方式	钢轮压路机静压（前静后振）	1 遍	振动压路机振压	3 遍	振动压路机收面	1 遍
			振荡压路机振压	3 遍		

图 8-5　不同型号摊铺机现场摊铺

图 8-6　不同型号压路机现场碾压

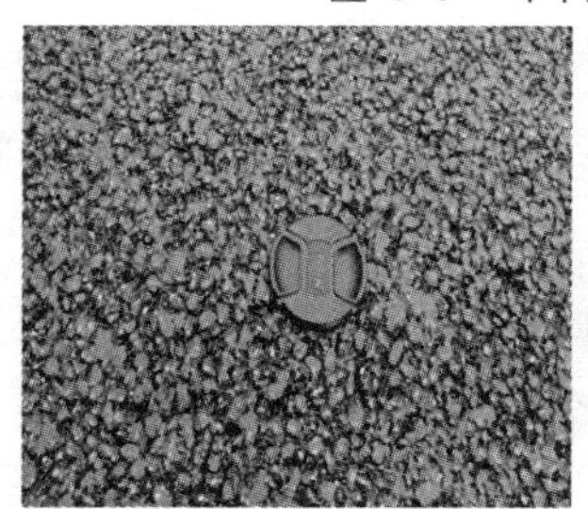

图 8-7　复压后局部路面情况

图 8-7 为现场复压遍后出现的局部路面情况，可以看出该碾压组合较为合理。一方面避免了过压时出现的泛油现象，另一方面，表面粗集料较为密实，避免表面空隙过大而出现严重的渗水现象。

针对上面层 SMA-13 混合料的特殊性，施工中应该着重控制以下几个方面：

（1）SMA-13 沥青混合料进行现场碾压时，应采用双钢轮振动压路机，不得采用胶轮压路机进行碾压。

（2）钢轮压路机碾压轮在碾压过程中应保持清洁，有混合料黏轮应立即清除。对钢轮压路机碾压轮可涂刷隔离剂或防黏结剂，少用或不用污染性强的油类产品（如废柴油、废机油等）。

（3）碾压机械方式的最优组合。确定上面层 SMA-13 沥青混合料的碾压组合方式，应根据实际情况（原材料力学性能、碾压设备性能参数、摊铺厚度及周围环境等）进行不同碾压方式的试验验证，据此得出最切合实际需求的碾压组合方式。确定后的碾压组合方式应严格执行，不能过压或少压。

（4）压路机应以慢而匀速的速度碾压，同时要紧跟摊铺机进行碾压。压路机的碾压路线及碾压方向不应突然改变而导致混合料推移。碾压区的长度应大体稳定，两端的折返位置应随摊铺机前进而前进，横向不得处于相同的断面上。

（5）碾压原则："紧跟慢压、高频低幅、先低后高、均匀少水"。压路机进行碾压时，每次重叠 20 cm 左右错轮。压路机要先起步再开振动，停机换向时要先关振动再停驶。

（6）初压的压路机应在摊铺面两个端部多碾压 1 遍，确保薄弱部位得到压实。每天开始施工碾压接缝（工作缝）时，必须在冷面上铺帆布，避免压路机在冷料上压碎集料。

（7）压路机禁止在未碾压成型路段上转向、停机、加水（或加油）、掉头或停留。在当天成型的路面上，不得停放各种机械设备和车辆，不得洒落冷料、废弃物品等杂物。

（8）接缝碾压：第 1 次碾压宽度为 20 cm，此后每次贯入宽度不大于 20 cm，直至 80 ~ 100 cm 后，呈 45°向两边碾压。

（9）碾压温度要求：压路机的碾压温度应符合规范及其他相关技术文件的要求，并根据混合料种类、压路机、气温、层厚等情况经试压确定。在不产生严重推移和裂缝的前提下，初压、复压及终压都应尽可能在较高温度下进行。同时，不得在低温下反复碾压，使石料棱角磨损、压碎，破坏集料间的相互嵌挤和稳定。

（10）在上面层碾压过程中，压路机起初在高温下使用大振幅振压，随后用小振幅碾压。为避免碾压时混合料推移产生拥包，碾压时应将驱动轮朝向摊铺机。

8.3 试验路段质量检验

1. 芯样外观评价

如图 8-8、图 8-9 所示，现场所钻取的芯样表面比较密实，芯样断面基本上由粗集料所填充，从而保证了上面层路面具有优良的抗车辙性能和抗滑性能。

图 8-8 SMA-13 钻芯情况

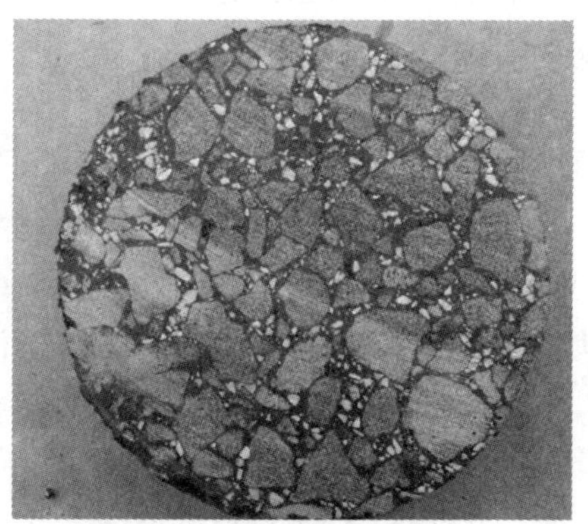

图 8-9 SMA-13 芯样断面

2. 压实度

表 8-22 试验段混合料现场压实度检测

类型	序号	桩号	试件厚度/mm	芯样密度/（g/cm^3）	压实度/%		空隙率/%
					标准密度	理论密度	
SMA-13混合料	1	AK1+400	40	2.512	99.6	95.3	4.6
	2	AK1+440	37	2.495	98.9	95.1	5.2
	3	AK1+500	41	2.500	99.1	96.1	5.0
	4	AK1+540	39	2.507	99.4	95.7	4.7
	5	AK1+570	40	2.510	99.5	96.1	4.6

注：标准密度采用室内制件密度，结果为 2.523 g/cm^3；理论密度采用实测法，结果为 2.632 g/cm^3。

通过表 8-22 中芯样压实度检验发现，压实度均超过标准试件密度的 98%，现场空隙率均在 6%以下，说明压实机械组合和压实工艺是合理的。

3. 平整度

通过八轮平整度仪对上面层试验路段的现场平整度进行了测试，试验段测试结果为：0.56 mm、0.58 mm、0.68 mm、0.59 mm、0.61 mm、0.67 mm、0.58 mm、0.60 mm、0.53 mm、0.71 mm、0.64 mm、0.66 mm，代表值标准差为 0.616 mm，测试结果均满足了相关技术文件的要求。

4. 构造深度

上面层试验段构造深度测试结果为：1.04 mm、0.88 mm、1.02 mm、1.08 mm、0.98 mm、1.12 mm，代表值标准差为 1.016 mm。测试结果均满足了相关技术文件的要求（构造深度范围为 0.8 ~ 1.2）。测试设备如图 8-10 所示。

图 8-10 电动铺砂法测试构造深度

图 8-11 渗水仪测试渗水系数

5. 渗水性能

上面层 SMA-13 试验段渗水系数测试结果为：23 mL/min、20 mL/min、30 mL/min、17 mL/min，测试结果均满足了相关技术文件的要求（文件要求现场渗水系数≤60 mL/min）。测试设备如图 8-11 所示。

8.4 效益分析

8.4.1 经济效益

在 SMA 路面的铺筑中，主要的费用来源于材料费、人工费、机械费。玄武岩纤维 SMA 沥青混合料主要用于铺筑高速公路的上面层。设计中采用木质素纤维 SMA 沥青混合料，在混合料的生产施工中，对于纤维的添加、拌和以及路面铺筑，已经有了比较成熟的工艺和设备。因此，若采用玄武岩纤维替代木质素纤维，在人工费和机械费方面并没有太大的差异，且在原材料的使用方面，集料和矿粉的使用也相同，因此经济投入的差异主要是由沥青的使用量、纤维的使用量以及纤维的价格而决定的。

1. 原材料费

以长度为 1 km 的双向四车道高速公路单侧铺设为例进行计算。上面层厚度为 4 cm，则沥青路面的体积为 420 m^3。1 km 长木质素纤维 SMA 上面层沥青混合料质量和玄武岩纤维 SMA 上面层沥青混合料质量约 1 000 t。1 km 单向 SMA 上面层沥青混合料造价如表 8-23 所示。

表 8-23　1 km 单向 SMA 上面层沥青混合料造价

混合料类型	油石比/%	SBS 改性沥青单价/（元/t）	纤维掺量/%	纤维单价/（元/t）	集料及矿粉总价/万元	总价/万元
木质素纤维 SMA-13	6	3 800	0.35	2 500	4.5	28.18
玄武岩纤维 SMA-13	5.6	3 800	0.49	9 000	4.5	30.19

由表 8-23 可知，1 km 双向四车道高速公路上面层沥青路面的铺筑，若是采用玄武岩纤维替代木质素纤维，每千米造价多花费约 2.0 万元，据此可以推算出每吨玄武岩沥青混合料增加的材料费用为 20 元。其原因主要是玄武岩纤维资源的开采以及生产加工技术目前尚处于开发阶段，还没有形成一定规模，不如木质素纤维成熟。

2. 人工费

在施工中，玄武岩纤维的掺加比较方便，既可以机械施工又可以人工掺加。混合料的拌和楼无须进行重新改造。本实体工程采用投料机进行掺料，没有增加额外的人工费，因此人工费用可以忽略不计。

3. 拌和费及碾压费

玄武岩纤维的掺加虽然增加了沥青路面的施工工序，但和普通沥青路面的施工大致相同，施工时间也基本不会增加，在拌和、运输以及压实过程中也不会使用额外的施工器械。因此，这部分费用也可以忽略不计。

4. 养护费用

在我国沥青路面的设计规范中，沥青路面的设计年限一般为 15 年。在路用性能方面，相比于普通沥青混合料路面 SAM-13，玄武岩纤维混合料 SAM-13 高温性能动稳定度提高 35.1%，低温抗裂弯曲破坏应变提高 24.2%。其他学者研究表明，玄武岩纤维沥青混合料的使用寿命可增大 40%左右，养护费用会大大降低，可以抵消建设时期材料费用的增加。因此，尽管玄武岩纤维 SMA 在道路建设初期投入相对多些，但能够防止早期破坏，减少路面养护或维修，延长路面使用寿命。长远来看，使用玄武岩纤维 SMA 代替木质素纤维 SMA 可以带来经济效益。

5. 用户费用

玄武岩纤维沥青混合料路面具有良好的路用性能，这可以大大地降低用户的使用费用，如降低车辆的耗油率、轮胎磨耗费、车辆保养费、误工费等。因此，虽然在道路修建初期增加了费用的支出，但从整条道路的使用周期来看，掺玄武岩纤维的沥青路面可以填补这部分费用的支出，具有良好的经济效益。

8.4.2 社会效益

玄武岩纤维是我国四大高科技纤维之一，是一种绿色环保高性能无机纤维材料。玄武岩纤维沥青混合料具有良好的高温稳定性、低温抗裂性、水稳定性和耐久性,可以延长路面的使用年限,尽可能地减少了路面的维修工作，改善了人们的生活出行质量。

8.4.3 环保效益

木质素纤维原材料为木材，玄武岩纤维原材料为天然矿石，相比之下，玄武岩纤维更具有绿色环保的意义。在纤维加工过程中由玄武岩岩石原料通过高温熔融拉丝工艺获取，对玄武岩纤维生产过程产生的工业废水、废气及废渣等都可以忽略不计，玄武岩纤维不会产生任何副产品，可以使原材料得到最大化的使用。在后期投入使用中，玄武岩纤维物理化学性质稳定，也不会对环境造成污染，符合“双碳”模式下高速公路建设要求。

8.5 本章小结

通过上面层 SMA-13 路面试验路段的铺筑，取得的主要成果主要包括：

（1）成功进行了试验路铺筑，并对级配设计、混合料拌制、运输、压实等提出了具体的技术要求，并进行了相应的质量控制。

（2）基于规范及实际工程需要，并结合贵州省施工技术发展现状，对石料、纤维、沥青提出了更细的控制指标。

（3）在铺筑过程中，采取的质量控制措施主要包括：所用原材料质量的稳定性，尤其要减少粗集料（主要是指 10 ~ 15 mm 石料和 5 ~ 10 mm 石料）的变异性。由于 SMA 是断级配，大于 2.36 mm 以上的含量要在 75%以上，其构成了 SMA 的主体骨架结构。此外，细集料尤其是机制砂要严格控制其粉尘含量，避免引起矿粉的变化甚至使得路面出现局部“油斑”等后果。

（4）确定混合料的矿料级配和油石比，并进行符合性验证其是否合理。通过经验观察和验证，通过矿料级配的均匀性、构造深度、沥青玛蹄脂的填充情况和丰满程度来判断 SMA 路面铺筑效果。

（5）进行了木质素纤维、玄武岩纤维 SMA-13 沥青混合料的效益比较，总体上，玄武岩纤维 SMA-13 沥青混合料社会经济和环保效益显著。

第 9 章

PART NINE

结论与展望

9.1 主要结论

通过对高速公路路面各类型裂缝机理分析，系统研究了木质素纤维、聚酯纤维和玄武岩纤维的技术特点，揭示了纤维增强沥青混合料性能的机理，基于扫描电镜和系列室内试验揭示了三种纤维改性沥青胶浆的高低温特性，提出了基于响应曲面法的玄武岩纤维 SMA-13 沥青混合料最佳技术参数，建立了木质素纤维、玄武岩纤维掺入比对 SMA-13 沥青混合料高温车辙、低温抗裂以及水稳性能的影响模式，构建了基于扫描电镜试验和 X-衍射工业 CT 三维扫描试验的 SMA-13 沥青混合料和玄武岩纤维 SMA-13 沥青混合料断裂面及内部结构的微观特征，提出了玄武岩纤维对 SMA-13 沥青混合料疲劳特性的影响规律，制定了玄武岩纤维 SMA-13 沥青混合料施工及质量控制技术方法，形成了玄武岩纤维沥青混凝土应用技术指南，主要创新成果如下。

9.1.1 路面加筋纤维材料技术特点及性能

（1）通过试验研究，系统分析了路面常用木质素纤维、聚酯纤维、玄武岩纤维三种材料的力学性能、耐高温性能、表面微观特征、吸油率、吸水率及化学稳定性。玄武岩纤维在抗拉强度和吸油率方面优势明显。

（2）从吸附作用、稳定作用、加筋作用、增强作用、增韧作用、自愈作用等几方面分析了纤维增强沥青混合料性能的作用机理。

9.1.2　纤维材料对沥青胶浆工程性能影响

（1）纤维改性沥青胶浆的三大指标试验表明：玄武岩纤维能有效提高沥青胶浆的软化点、降低其针入度和延度，增加了沥青稠度。

（2）纤维可提高胶浆的高温性能，降低其低温性能，玄武岩纤维对沥青胶浆的改善效果要优于聚酯纤维及木质素纤维。

9.1.3　玄武岩纤维对沥青混凝土使用性能的影响

（1）采用响应曲面法在马歇尔指标期望值条件下对玄武岩纤维 SMA-13 中纤维掺量、纤维长度以及油石比进行优化设计。采用中心复合设计（CCD），基于三因素三水平 18 组独立试验，以马歇尔试验指标作为响应指标，构建了空隙率、矿料间隙率、沥青饱和度、稳定度、流值与各影响因素的等高线图及响应曲面图，根据各影响因素排序，提出了基于响应曲面法对沥青混合料马歇尔指标进行函数拟合并优化出在马歇尔指标期望值下的玄武岩纤维 SMA-13 沥青混合料的最佳参数，即纤维掺量为 0.49%，纤维长度为 6 mm，油石比为 5.65%。

（2）提出了玄武岩纤维 SMA-13 沥青混合料动稳定度随纤维掺入量变化模式，最优掺量时的动稳定度较木质素纤维沥青混合料的动稳定度提高 35.1%。

（3）提出了玄武岩纤维 SMA-13 沥青混合料弯曲破坏应变随纤维掺入量变化模式，揭示了玄武岩纤维增强 SMA-13 沥青混合料劲度模量、增加混合料内部黏聚力、提高混合料低温性能的机理，最优掺量时的弯曲破坏应变较木质素纤维沥青混合料的弯曲破坏应变提高 24.2%。

（4）揭示了玄武岩纤维、木质素纤维 SMA 沥青混合料试件冻融、浸水前后裂缝发生发展规律，提出了玄武岩纤维 SMA-13 沥青混合料残留强度比、残留稳定度随纤维掺入量变化模式，玄武岩纤维混合料比木质素纤维混合料冻融劈裂强度比提高 4.20%，玄武岩纤维混合料比木质素纤维混合料冻融残留稳定度提高 5.69%。

9.1.4 玄武岩纤维材料增强沥青混凝土性能微观分析

（1）SMA-13 沥青混合料内部有较大的空隙和裂缝。断裂面属于高应变区发生块状和条状韧性断裂破坏。

（2）玄武岩纤维对沥青混合料中的空隙和微裂缝产生的应力集中有降低作用。玄武岩纤维在沥青中交错搭接，纤维上粘连的沥青与周围的沥青形成良好的浸润界面，形成骨架结构，起到连接、加筋的作用，能有效阻止破裂面的产生。

（3）玄武岩纤维在沥青中形成的空间结构，提高了石料间的黏结力，减少了结构内部应力集中，防止了裂缝产生和发展，避免了石料间的相对滑移，实现了沥青混合料的完整性。

（4）在玄武岩纤维表面形成了黏结力非常强的沥青薄膜层，玄武岩纤维之间以及玄武岩纤维跟集料之间通过沥青进行黏结，整体路用性能得到提高。

9.1.5 玄武岩纤维沥青混凝土疲劳性能

（1）在不同的应变水平下，随着加载次数的增加，两种沥青混合料的弯曲劲度模量和最大拉应力逐渐衰减。初始阶段急剧下降，之后缓慢下降，持续时间较长，接近于线性。

（2）玄武岩纤维 SMA-13 沥青混合料的疲劳寿命明显高于 SMA-13 沥青混合料的疲劳寿命。当应变水平较低时，玄武岩纤维 SMA-13 沥青混合料的疲劳寿命是 SMA-13 沥青混合料疲劳寿命的 5 倍左右；当应变水平较高时，玄武岩纤维 SMA-13 沥青混合料的疲劳寿命是 SMA-13 沥青混合料疲劳寿命的 2 倍左右。低应变水平下的疲劳寿命要远远高于高应变水平的疲劳寿命。加入纤维后，降低了混合料对疲劳的敏感度，提高了其抗疲劳性能，对混合料的疲劳寿命有着显著提高。

9.1.6　玄武岩纤维沥青混合料施工及质量控制技术

（1）基于试验路铺筑，对级配设计、混合料拌制、运输、压实等提出了具体的技术要求，并进行了相应的质量控制。

（2）基于规范及实际工程需要并结合贵州省施工技术发展现状，对石料、纤维、沥青提出了更细的控制指标。

（3）进行了木质素纤维、玄武岩纤维 SMA-13 沥青混合料的效益比较，总体上，玄武岩纤维 SMA-13 沥青混合料社会经济和环保效益显著。

9.2　创新点

（1）提出了马歇尔指标期望值条件下基于响应曲面法的玄武岩纤维 SMA-13 沥青混合料最佳技术参数，揭示了玄武岩纤维提高 SMA-13 沥青混合料高温抗车辙、低温抗裂以及水稳性能的影响规律，制定了玄武岩纤维 SMA-13 沥青混合料施工及质量控制技术方法，形成了玄武岩纤维沥青混凝土路面应用技术指南。

（2）基于扫描电镜试验和 X-衍射工业 CT 三维扫描试验，提出了沥青混合料及玄武岩纤维沥青混合料内部结构及断裂破坏微观分布模式，揭示了三维乱向随机分布状态下玄武岩纤维对沥青混合料加筋锚固和阻裂增韧的作用机理，建立了玄武岩纤维沥青混合料微观结构和宏观工程特性的内在关联机制。

（3）提出了木质素纤维、聚酯纤维和玄武岩纤维提升沥青胶浆高低温特性的贡献率，构建了基于吸附、稳定、增强、增韧等功能的玄武岩纤维阻止沥青混合料微裂纹发生、发展的稳定结构体系，揭示了玄武岩纤维增强沥青混合料疲劳寿命内在机理，提出了玄武岩纤维 SMA-13 沥青混合料疲劳寿命是 SMA-13 沥青混合料的 2～5 倍，有效提升了沥青混合料的耐久性。

9.3 展　望

（1）针对贵州地区冬季凝冻气候条件，加强凝冻对玄武岩纤维沥青混合料耐久性，特别是抗裂性能的影响研究。

（2）进一步结合大量的工程实践，总结玄武岩纤维沥青混凝土路面的施工经验，并通过长期的观察和检测检验路面结构的长期性能。

参考文献

[1] 孙洪利，杨锡武，陈晓明. 钢纤维沥青混合料性能研究[J].公路，2011（09）：47-51.

[2] 汤寄予，高丹盈，赵军. 钢纤维沥青混凝土路用性能的试验研究[J]. 华北水利水电学院学报，2012，33（06）：98-105.

[3] SERCAN SERIN,NIHAT MOROVA,MEHMET SALTAN,et al. Investigation of usability of steel fibers in asphalt concrete mixtures[J]. Construction and Building Materials, 2012(36): 238-244.

[4] 宋俊伟，罗辉，房慧明. 层布式钢纤维沥青路面抗裂性能分析[J]. 公路，2016，61（01）：27-31.

[5] 赵秋红，董硕，朱涵. 钢纤维-橡胶/混凝土抗剪性能试验[J]. 复合材料学报，2020，37（12）: 3201 -3213.

[6] 肖畅，王开，张小强. EVA 和钢纤维改性混凝土力学特性研究[J]. 矿业研究与开发，2021，41（08）：65-69.

[7] 张富奎. 石棉纤维热阻式沥青路面性能研究[J]. 公路，2018，63（06）：45-49.

[8] YANCHAO YUE, MOUSTAFA ABDELSALAM, DONG LUO, et.al. Evaluation of the properties of asphalt mixes modified with diatomite and lignin fiber: A review[J]. Materials,2019,12（3）:400-415.

[9] 雷彤，李祖仲，刘开平，等. 棉秸秆纤维沥青混合料路用性能[J]. 公路，2016, 61（07）：59-63.

[10] 陈华斌，徐默楠，陈玲，等. 颗粒状木质素纤维应用研究[J]. 公路交通科技（应用技术版），2017，13（11）：95-96.

[11] 王旭龙，唐永涛. 颗粒状与絮状木质素纤维对 SMA 沥青混合料的性能影响研究[J]. 四川建筑，2020，40（04）：319-321.

[12] 覃峰. 蔗渣纤维沥青混合料超薄路面层抗腐性能试验研究[J]. 新型建筑材料，2017，44（02）：10-14.

[13] 李振霞，陈渊召，周建彬，等. 玉米秸秆纤维沥青混合料路用性能及机理分析[J].中国公路学报,2019,32（02）:47-58.

[14] 陈开群，禤炜安，李祖仲，等. 蔗渣纤维沥青胶结料黏度特性及其混合料路用性能研究[J].中外公路,2020,40（03）:278-283.

[15] IBRAHIM KAMARUDDIN, MADZLAN NAPIAH, MOHAMMED HADI NAHI. The influence of moisture on the performance of polymer fibre-reinforced asphalt mixture[J]. MATEC Web of Conferences, 2016,78:1040.

[16] 宋玉珠. 聚酯纤维对 WMA 的温拌效果及路用性能影响研究[J].公路工程,2014,39（05）: 333-336.

[17] 姚立阳. 聚丙烯腈纤维在沥青混合料路面中的应用研究[D]. 兰州：兰州理工大学，2012.

[18] 黄春水，陈丽芳. 纤维沥青混凝土弯曲性能试验研究[J]. 公路，2017，62（07）：43-50.

[19] 马峰，潘健，傅珍，等. 纤维沥青混合料最佳纤维掺量的确定[J].河南理工大学学报（自然科学版），2019，38（05）：138-145.

[20] 邓明科，刘华政，马福栋，等. 聚乙烯醇纤维改性高延性混凝土双面剪切试验及剪切韧性评价方法[J]. 复合材料学报，2020，37（02）:461-471.

[21] QINGLIN GUO, LILI LI, YONGCHUN CHENG, et al. Laboratory evaluation on performance of diatomite and glass fiber compound modified asphalt mixture[J]. Materials and Design,

2014, 66 : 51-59.

[22] PYEONG JUN YOO, TAE WOO KIM. Strengthening of hot-mix asphalt mixtures reinforced by polypropylene-impregnated multifilament glass fibres and scraps[J]. Construction and Building Materials, 2015, 75 : 415-420.

[23] F MOREA, R ZERBINO. Improvement of asphalt mixture performance with glass macro-fibers[J]. Construction and Building Materials, 2018, 164 : 113-120.

[24] 赫文秀，申向东. 玻璃纤维粉煤灰水泥土的力学特性[J]. 公路交通科技，2012，29（03）：12-16.

[25] FAN WENXIAO, KANG HAIGUI, ZHENG YUANXUN. Experimental study of pavement performance of basalt fiber-modified asphalt mixture[J]. Journal of Southeast University（English Edition）, 2010, 26（04）:614-617.

[26] 赵豫生，李红涛. 玄武岩短切纤维对沥青混凝土性能的影响[J]. 公路交通科技，2012，29（09）：38-42.

[27] 钟明键，彭响兰. 玄武岩纤维增强沥青混合料性能试验研究[J]. 公路工程，2013，38（05）：157-160.

[28] GU XINGYU,XU TINGTING,NI FUJIAN. Rheological behavior of basalt fiber reinforced asphalt mastic[J].Journal of Wuhan University of Technology（Materials Science Edition）,2014,29（05）: 950-955.

[29] 高磊，胡国辉，徐楠，等. 玄武岩纤维工程性质研究进展[J]. 地下空间与工程学报，2014，10（S2）：1749-1754.

[30] 李慧萍，王福满，李晨. 玄武岩纤维对沥青混合料性能影响分析研究[J]. 中外公路，2016，36（04）：323-327.

[31] 程永春，杨金生，马健生. 玄武岩纤维与抗车辙剂复合改性沥青混合料路用性能[J]. 科学技术与工程，2017，17（32）：

327-331.

[32] ARASH DAVAR, JAVAD TANZADEH, OMID FADAEE. Experimental evaluation of the basalt fibers and diatomite powder compound on enhanced fatigue life and tensile strength of hot mix asphalt at low temperatures[J]. Construction and Building Materials, 2017, 153 : 238-246.

[33] 刘向杰. 玄武岩纤维沥青混合料路用性能研究[J]. 中外公路，2018，38（05）：242-245.

[34] QIN XIAO, SHEN AIQIN, GUO YINCHUAN, et al. Characterization of asphalt mastics reinforced with basalt fibers[J]. Construction and Building Materials, 2018, 159 : 508-516.

[35] FUCHENG GUO, RUI LI, SHUHUA LU,et al. Evaluation of the effect of fiber type, length, and content on asphalt properties and asphalt mixture performance[J]. Materials, 2020, 13（7）: 1556-1578.

[36] ZHANG X , GU X , LV J . Effect of basalt fiber distribution on the flexural-tensile rheological performance of asphalt mortar[J]. Construction & Building Materials, 2018, 179:307-314.

[37] SUN XIAOLONG, QIN XIAO, CHEN QIAN, et al. Investigation of enhancing effect and mechanism of basalt fiber on toughness of asphalt material[J]. Petroleum Science and Technology, 2018, 36（20）: 1710-1717.

[38] YU XIANG, YOUJUN XIE, GUANGCHENG LONG. Effect of basalt fiber surface silane coupling agent coating on fiber-reinforced asphalt: From macro-mechanical performance to micro-interfacial mechanism[J]. Construction and Building Materials, 2018, 179 : 107-116.

[39] 程永春，余地，谭国金，等. 玄武岩纤维沥青混合料的冻融损

伤演化规律[J]. 哈尔滨工程大学学报，2019，40(03): 518-524.

[40] ZHENNAN LI,AIQIN SHEN,HAN WANG, et al. Effect of basalt fiber on the low-temperature performance of an asphalt mixture in a heavily frozen area[J]. Construction and Building Materials,2020,253:119080-119088.

[41] 卢祎苗，肖鹏，夏炎，等.玄武岩纤维沥青混合料水损伤衰变规律分析[J]. 公路工程，2020，45（02）：55-60+85.

[42] 顾倩俪，寇长江，康爱红，等. 混合长度玄武岩纤维沥青混合料性能试验研究[J].中国科技论文，2020，15（12）：1429-1434+1446.

[43] 张文刚，纪小平，宿秀丽，等. 路用矿物纤维沥青混合料性能及增强机理研究[J]. 武汉理工大学学报，2012，34(08): 50-54.

[44] 肖鹏，吴帮伟，徐亚，等. 使用不同纤维的SMA路用性能试验研究[J]. 中外公路，2014，34（02）:302-306.

[45] YINGHAO MIAO, TING WANG,LINBING WANG. Influences of interface properties on the performance of fiber-reinforced asphalt binder[J]. Polymers,2019,11（3）:542-553.

[46] WU MENGMENG, LI RUI, ZHANG YUZHEN, et al. Reinforcement effect of fiber and deoiled asphalt on high viscosity rubber/SBS modified asphalt mortar[J]. Petroleum Science, 2014,1(03): 454-459.

玄武岩纤维 SMA 路面应用技术指南

1 总 则

1.1 为提高玄武岩纤维 SMA 路面技术水平，规范该路面的设计、施工与质量检验，促进 SMA 路面技术的发展，特制订本指南。

1.2 本指南包括总则、规范性引用文件、术语、符号及代号、材料、设计、施工和质量检验等内容。

1.3 本指南适用于贵州省新建、改扩建和大修工程公路玄武岩纤维 SMA 路面设计、施工和质检。

1.4 玄武岩纤维 SMA 路面设计、施工与质量检验除应符合本指南外，尚应符合现行国家和行业的有关标准的规定。

2 规范性引用文件

下列文件对于本文件的应用是必不可少的。凡是注日期的引用文件，仅注日期的版本适用于本文件。凡是不注日期的引用文件，其最新版本（包括所有的修改单）适用于本文件。

GB/T 7690.5 增强材料 纱线试验方法 第 5 部分：玻璃纤维纤维直径的测定

GB/T 9914.1 增强制品试验方法 第 1 部分：含水率的测定

GB/T 9914.2 增强制品试验方法 第 2 部分：玻璃纤维可燃物含量的测定

JTG D50 公路沥青路面设计规范

JTG E20 公路工程沥青及沥青混合料试验规程

JTG E42 公路工程集料试验规程

JTG E60　公路路基路面现场测试规程

JTG F40　公路沥青路面施工技术规范

JTG F80/1　公路工程质量检验评定标准　第一册　土建工程

JT/T 533　沥青路面用木质素纤维

JT/T 776.1　公路工程　玄武岩纤维及其制品 第 1 部分：玄武岩短切纤维

JT/T 860.4　沥青混合料改性添加剂 第 4 部分：抗剥落剂

DB 33/T 896　高等级公路沥青路面设计规范

SHC F40-01　公路沥青玛蹄脂碎石路面技术指南

3　术语和定义

下列术语和定义适用于本文件。

3.1

SMA（**沥青玛蹄脂碎石混合料**）stone mastic asphalt

由沥青结合料与少量的纤维稳定剂、细集料以及较多量的填料（矿粉）组成的沥青玛蹄脂填充于间断级配的粗集料骨架的间隙，组成一体的沥青混合料，简称 SMA。

3.2

纤维稳定剂 fiber stabilizer

在沥青玛蹄脂碎石中起吸附沥青，增强结合料黏结力和稳定作用的木质素纤维、矿物纤维、聚合物化学纤维等各类纤维的总称。

3.3

玄武岩短切纤维 basalt fiber chopped strand

以天然玄武岩为原料，通过高温熔融、高速拉丝、表面处理，并按规定长度剪切而成的丝状短切玄武岩纤维。

3.4

玄武岩纤维 SMA basalt fiber stone mastic asphalt

纤维稳定剂采用玄武岩纤维的沥青玛蹄脂碎石混合料，简称 SMA-BF。

3.5

玄武岩纤维 SMA 路面 basalt fiber stone mastic asphalt pavement

采用玄武岩纤维 SMA 混合料铺筑的沥青路面，简称 SMA-BF 路面。

3.6

玄武岩纤维掺量 content of basalt fiber

玄武岩纤维在沥青混合料中所占的质量百分率。

4 材料

4.1 一般规定

4.1.1 玄武岩纤维 SMA 路面所用材料除应符合本规范的规定外，尚应符合有关法律、法规及国家、行业现行有关标准的规定。

4.1.2 玄武岩纤维 SMA 路面集料的选择应经过料源调查，确定料源应本着就地取材的原则，从源头控制集料质量，经检测合格后方可使用。

4.1.3 不同料源、品种、规格的集料不得混杂堆放。

4.2 玄武岩短切纤维

4.2.1 SMA 路面用玄武岩短切纤维应呈金褐色或深褐色、平直、无杂质。

4.2.2 单根玄武岩纤维几何规格及要求应符合表 1 的规定。

表 1 玄武岩短切纤维的几何规格

项目	规格	偏差	试验方法
单根纤维直径/μm	7 ~ 15	± 5%	GB/T 7690.5
纤维公称长度/mm	6、 9、 12	± 10%	JT/T 776.1

4.2.3 玄武岩纤维的物理、化学及力学性能指标应符合表 2 的技术要求。

表 2　玄武岩纤维的物理、化学及力学性能技术要求

技术指标	技术要求	试验方法
断裂强度/MPa	不小于 2000	GB/T 20310
弹性模量/GPa	不小于 80	GB/T 20310
断裂伸长率/%	不小于 2.1	GB/T 20310
吸油率/%	不小于 50	JT/T 776.1
含水率/%	不大于 0.2	JT/T 776.1
可燃性	不可燃	JT/T 776.1

4.3　沥青

4.3.1　玄武岩纤维 SMA 宜采用 SBS 改性沥青，其指标宜符合表 3 的技术要求。

表 3　玄武岩纤维 SMA 用 SBS 改性沥青技术要求

检验项目		技术要求	试验方法
针入度（25 °C, 100 g, 5 s）/0.1 mm		50 ~ 80	T0604
针入度指数 PI		不小于 −0.2	T0604
延度（5 °C，5 cm/min）/cm		不小于 30	T0605
软化点 $T_{R\&B}$/°C		不小于 60	T0606
运动黏度（135 °C）/Pa · s		不大于 3	T0619
闪点/ °C		不小于 230	T0611
溶解度/%		不小于 99	T0607
离析，软化点差/°C		不大于 2.5	T0661
弹性恢复（25 °C）/%		不小于 70	T0662
RTFOT 试验后	质量损失/%	不大于 1.0	T0610
	针入度比（25 °C）/%	不小于 65	T0604
	延度（5 °C, 5 cm/min）/cm	不小于 20	T0605

4.4 粗集料

4.4.1 应采用石质坚硬、洁净、干燥、无风化、无杂质、近正方体、有棱角的碎石，粒径大于 2.36 mm。面层碎石应采用反击式破碎机，以及规定的除尘、整形加工工艺进行轧制，严格限制集料的针片状颗粒含量和含泥量。

4.4.2 粗集料指标应符合表 4 的技术要求。

表 4 玄武岩纤维 SMA 用粗集料技术要求

检验项目	上面层	中、下面层	测试方法
石料压碎值/%	不大于 26	28	T0316
黏附性	不小于 4 级	4 级	T0616
洛杉矶磨耗损失/%	不大于 28	30	T0317
表观相对密度	不小于 2.60	2.50	T0304
吸水率/%	不大于 2.0	3.0	T0304
坚固性/%	不大于 12	12	T0314
针片状颗粒含量（混合料）/%	不大于 15	18	T0312
其中粒径大于 9.5 mm/%	不大于 12	15	T0312
其中粒径小于 9.5 mm/%	不大于 18	20	T0312
水洗法<0.075 mm 颗粒含量/%	不大于 1	1	T0310
软石含量/%	不大于 3	5	T0320
上面层石料磨光值/BPN	不小于 42	—	T0321

4.5 细集料

4.5.1 玄武岩纤维沥青混合料用细集料应采用坚硬、洁净、干燥、无风化、无杂质并具有适当级配的机制砂，粒径应小于 2.36 mm，禁用采料场的下脚料。

4.5.2 细集料指标应符合表 5 的技术要求。

表 5　玄武岩纤维 SMA 用细集料技术要求

技术指标	上面层	中、下面层	试验方法
表观相对密度	不小于 2.6	不小于 2.5	T0328
砂当量/%	不小于 60		T0334
亚甲蓝值/（g/kg）	不大于 2.5		T0349
棱角性（流动时间）/s	不小于 30		T0345

4.6　填料

4.6.1　玄武岩纤维 SMA 用填料宜采用石灰岩等碱性石料磨细得到的矿粉。矿粉应干燥、洁净，其技术要求应满足表 6 的规定。

表 6　玄武岩纤维 SMA 用矿粉技术要求

检验项目		技术要求	测试方法
表观相对密度		不小于 2.50	T0352
含水量/%		不大于 1.0	T0103
亲水系数		不大于 1.0	T0353
塑性指数/%		不大于 4.0	T0354
粒度范围/%	<0.6 mm	100	T0351
	<0.15 mm	90 ~ 100	
	<0.075 mm	85 ~ 100	

5　配合比设计

5.1　一般规定

5.1.1　应用类型。玄武岩纤维 SMA 路面宜采用热拌热铺工艺，并根据路面层位、集料公称最大粒径确定应用类型、纤维长度。

5.1.2　纤维掺量。玄武岩纤维 SMA 路面中玄武岩纤维的掺加比例以沥青混合料总量的质量百分率计算，丝状短切玄武岩纤维掺量宜为 0.35% ~ 0.50%，纤维掺加量的允许误差不超过 ± 5%。

5.1.3　设计方法。玄武岩纤维 SMA 宜采用马歇尔试验设计方法。

5.1.4　设计内容。玄武岩纤维 SMA 配合比设计包括原材料的试验选用、矿料级配组成计算、最佳沥青用量确定以及玄武岩纤维 SMA 性能验证等内容。

5.1.5 设计阶段。玄武岩纤维 SMA 配合比设计包括目标配合比设计、生产配合比设计和生产配合比验证三个阶段。

5.1.6 玄武岩纤维 SMA 矿料级配应符合表 7 规定的设计级配范围。

表 7 玄武岩纤维 SMA 矿料级配范围

级配类型	通过下列筛孔的百分率/%									
	16	13.2	9.5	4.75	2.36	1.18	0.6	0.3	0.15	0.075
SMA-13	100	90 ~ 100	50 ~ 75	22 ~ 32	16 ~ 27	14 ~ 24	12 ~ 20	10 ~ 16	9 ~ 13	8 ~ 12

5.1.7 玄武岩纤维 SMA 试件应按 JTG E20 的要求制作，其拌和要求应调整为：玄武岩纤维与热集料干拌 60 s ~ 90 s，加入沥青拌和 90 s，加入矿粉拌和 90 s。

5.2 技术要求

5.2.1 玄武岩纤维 SMA 配合比设计的技术要求应符合表 8 的规定。

表 8 玄武岩纤维 SMA 配合比设计技术要求

检验项目	技术要求	试验方法
击实次数/次	双面各 75 次	T0702
空隙率/%	3 ~ 4	T0705
稳定度/kN	不小于 8.0	T0709
流值/mm	2 ~ 5	T0709
粗骨料骨架间隙率 VCA_{mix}	不大于 VCA_{DRC}	T0705
谢伦堡沥青析漏试验的结合料损失/%	不大于 0.2	T0732
肯塔堡飞散试验的混合料损失/%	不大于 15	T0733
矿料间隙率 *VMA*/%	不小于 17	T0705
沥青饱和度/%	75 ~ 85	T0705

5.2.2 玄武岩纤维 SMA 配合比检验应符合表 9 的各项指标的要求，试验方法按《公路工程沥青及沥青混合料试验规程》（JTG E20）的规定进行。

表 9　玄武岩纤维 SMA 性能技术要求

性能指标		单位	技术要求	试验方法
高温稳定性	车辙试验动稳定度 *DS*	次/mm	≥5 000	T0719
水稳定性	浸水马歇尔试验残留稳定度	%	≥80	T0709
	冻融劈裂试验残留强度比	%	≥80	T0729
低温抗裂性能	低温弯曲破坏应变（−10 °C、加载速率 50 mm/min）	με	≥2 800	T0728
渗透性	渗水系数	mL/min	≤80	T0971

5.3 目标配合比设计

5.3.1 玄武岩纤维 SMA 的目标配合比设计，应通过马歇尔试验设计方法，优选矿料级配、确定最佳沥青用量，使沥青混合料技术性能符合配合比设计技术要求，以此作为目标配合比，供生产配合比设计使用。

5.3.2 玄武岩纤维 SMA 配合比设计由马歇尔试验设计、浸水马歇尔残留稳定度与冻融劈裂水稳性检验、车辙试验抗车辙能力检验、谢伦堡析漏试验和肯特堡飞散试验检验四部分组成。马歇尔试验设计采用马歇尔试件体积设计方法。

5.3.3 玄武岩纤维 SMA 配合比设计应选择工程用的材料，选择几条级配曲线，进行配合比设计、沥青混合料性能试验和设计参数的测试，根据试验结果确定目标配合比范围。不符合要求应更换材料或重新进行配合比设计。

5.3.4 施工单位在玄武岩纤维 SMA 面层施工前，应对混合料进行配合比设计，配合比设计分目标配合比设计、生产配合比设计和生产配合比验证三个阶段，以确定沥青混合料的材料品种、矿料级配、最佳沥青用量。在施工过程中，不得随意变更经设计确定的标准配合比。

5.4 生产配合比设计

5.4.1 确定各热料仓矿料和矿粉的用量。应从二次筛分后进入各热料仓的矿料取样进行筛分，根据筛分结果，通过计算，使矿质混合料的级配符合目标配合比设计级配，并特别注意使 0.075 mm、2.36 mm、4.75 mm 和 9.5 mm 的筛孔通过量控制接近目标配合比设计级配，以确定各热料仓和矿粉的用料比例，供拌和机控制室使用。同时，反复调整冷料仓进料比例，以达到供料均衡。

5.4.2 确定最佳油石比 OAC。取目标配合比设计的最佳油石比 OAC 和 $OAC \pm 0.3\%$三个油石比，取以上计算的矿质混合料，用试验室的小型拌和机拌制沥青混合料，制备马歇尔试件，计算试件的 VMA、VCA_{mix}、VV 和 VFA，按目标配合比设计方法，选定适宜的最佳油石比。

5.4.3 生产配合比设计检验。用以上生产配合比进行谢伦堡析漏试验和马歇尔试验残留稳定度检验。

5.5 生产配合比验证

5.5.1 采用生产用拌和楼对生产配合比进行试拌，试拌时，拌和楼各项参数（矿料加热温度、沥青加热温度、冷料仓进料比例及进料速度）应按正常生产状态进行设置。

5.5.2 试拌后的沥青混合料应进行马歇尔试验检验，并进行沥青含量、筛分试验，混合料级配与生产配合比之差应符合《公路沥青路面施工技术规范》（JTG F40）的规定。

5.5.3 试拌后的沥青混合料各项技术指标经检验合格后，方可进行试验路段铺筑。否则，应分析原因改正后再次进行拌和楼试拌，直至试拌沥青混合料满足相关技术要求。

6 施工

6.1 一般规定

6.1.1 玄武岩纤维 SMA 路面施工应根据设计与施工质量控制要求，结合施工工期、工程规模、环境条件、人员、设备配置和原材料等建设条件，制定详尽的施工组织设计，合理安排施工工期。

6.1.2 施工前应检查各种材料的来源和质量，施工过程中原材料抽检项目、抽检频率和质量要求应符合本指南和《公路沥青路面施工技术规范》（JTG F40）的规定。

6.1.3 玄武岩纤维 SMA 面层施工前，应按本指南的规定对玄武岩纤维 SMA 进行目标配合比设计、生产配合比设计和生产配合比验证三个阶段配合比设计，并符合以下规定：

a）在施工过程中，不得随意变更经设计确定的标准配合比；

b）目标配合比需经监理工程师审查批准后才能进行生产配合比设计；

c）对同一拌和场两台拌和楼，如果使用相同品种的矿料和沥青，可使用同一目标配合比，但每台拌和楼必须独立进行生产配合比设计；

d）配合比设计不符合要求或矿料、沥青产地、品种等发生变化时，应重新进行混合料配合比设计。

6.1.4 玄武岩纤维 SMA 面层施工，应采用集中厂拌混合料、摊铺机摊铺、压路机碾压的施工工艺。

6.1.5 玄武岩纤维 SMA 面层施工必须在得到开工令后方可开工。玄武岩纤维 SMA 路面正式施工前必须铺筑试验段，试验段的质量检查频率应是正常路段的两倍，根据试验段总结指导后续施工。

6.1.6 玄武岩纤维 SMA 路面应加强施工过程质量控制，应按铺筑工艺与进度要求，配备足量质检仪器设备和人员。对面层施工各工艺环节的各项质量标准应做到及时检测，根据检测结果对施工进行动态控制，实行动态质量管理。

6.1.7 玄武岩纤维 SMA 的施工温度应根据沥青标号、黏度、改性剂的品种及剂量、气候条件及面层的厚度确定。采用 SBS 改性沥青时其施工温度根据同类工程经验并按表 10 执行。

表 10 玄武岩纤维 SMA 施工温度技术要求

技术指标	施工温度 / °C
沥青加热温度	160 ~ 165
改性沥青现场制作温度	165 ~ 170
成品改性沥青加热温度	不高于 175
集料加热温度	190～220
混合料出料温度	170～185
混合料废弃温度	>195
摊铺温度	不低于 165
初压开始温度	不低于 155
碾压终了表面温度	不低于 90
开放交通温度	不低于 50

6.2 施工准备

6.2.1 施工单位进场后，应结合工程的主要特点，调查沿线料源分布、交通条件和周边环境，按照合同文件等规定，开展项目经理部、料场和拌和场等场地建设。

6.2.2 玄武岩纤维 SMA 面层施工前的技术、机械设备、试验检测仪器、料场与材料及作业面等各项准备分别按合同文件、交通运输部和省厅等相关要求执行。

6.2.3 应做好改性沥青、集料、玄武岩纤维、消石灰、水泥等各项材料调查和抽检，各种原材料的试验结果及据此进行的目标配合比设计和生产配合比设计结果，应在规定的期限内向业主及监理提出正式报告，待取得正式认可后，方可使用。

6.2.4 应对沥青混合料拌和楼、摊铺机、压路机、纤维同步投放装置等各种施工机械和设备进行调试，对机械设备的配套情况、技术性能、传感器计量精度等进行认真检查、标定，并得到监理的认可。

6.2.5 沥青混合料拌和厂的设置应符合国家有关环保、消防、安全等规定；间歇式拌和楼应符合下列要求：

a）总拌和能力满足施工进度要求；拌和机除尘设备完好，能达到环保要求；

b）冷料仓的数量满足生产需要，一般不少于 5 个，并具有玄武岩纤维、消石灰等外掺剂的添加设备；

c）纤维同步投放装置应配备投料装置、纤维打散装置、输送系统、电控系统、计量称重传感控制系统、时间调节控制装置。

6.3 铺筑试验段

6.3.1 施工前应铺筑试验路段，其位置宜选在主线直线段，铺筑长度宜为 100 ~ 300 m,并编制施工方案。

6.3.2 通过试拌、试铺确定施工工艺及相关参数：

a）各种施工机械的类型、数量及组合方式；

b）拌和时间、拌和温度、进料顺序、偏差控制、纤维掺加方式等；

c）摊铺及压实工艺、松铺系数、渗水系数等。

6.3.3 试验段铺筑后应提交试验报告，明确试验结论。

6.3.4 当同一施工单位在材料、机械设备及施工方法与其他工程完全相同时，也可利用其他工程的结果，不再铺筑新的试验路段。

6.4 玄武岩纤维 SMA 拌和

6.4.1 冷料仓之间的隔板高度约 80 cm，避免在生产过程中造成料仓中原料混杂。拌和机的矿粉仓与水泥仓应配备振动装置以防止矿粉、水泥起拱。

6.4.2 严禁生产过程中随意变化冷料仓比例，尤其注意 3 ~ 5 mm 集料和 0 ~ 3 mm 机制砂的冷料比例保持稳定，如必须调整需经现场监理同意；当冷料级配变化大时，应重新进行配合比试验。

6.4.3 沥青混合料拌和时间根据具体情况经试拌确定，以沥青均匀裹覆集料为度。间歇式拌和机每盘的生产周期不少于 65 s。玄武岩纤维加入方式采用自动纤维投料机投入，利用纤维投料机自动计量并随拌和机的热集料一起投入拌锅，其拌和时间应适当延长，添加玄武岩纤维后干拌时间不少于 15 s。

6.4.4 在成品储料仓储存过程中混合料温降不得大于 5 °C，且不能有沥青滴漏。

6.4.5 玄武岩纤维 SMA-13 拌和温度按表 10 执行。

6.4.6 拌和楼在生产过程中应打印每盘料的生产数据，包括每盘料各个热料仓的矿料量、填料、沥青、拌和时间（精确到秒）和各种温度。

6.4.7 拌和楼加热采用重油时，要严格检验重油质量。

6.4.8 混合料生产中要严格控制纤维用量，纤维对沥青有较强的吸附力，过多或过少加入纤维均会影响混合料的最佳油石比。

6.4.9 其他要求参照《公路沥青路面施工技术规范》（JTG F 40）执行。

6.5 玄武岩纤维 SMA 运输

6.5.1 由储料仓向运料车装混合料时，要尽量缩短储料仓出料口到车厢板的距离，出料口距车厢侧板顶面的竖向距离宜不大于 50 cm。装料过程中前、后、中移动运料车，分多次装料（少则三次，多则五六次），减少装料造成的离析。

6.5.2 运料车需要有足够的数量，能将拌和机生产的混合料及时运送到铺筑现场。

6.5.3 现场应设专人指挥运料车就位，并使其配合摊铺机卸料。

6.5.4 其他要求参照《公路沥青路面施工技术规范》（JTG F 40）执行。

6.6 玄武岩纤维 SMA 摊铺

6.6.1 运料车向摊铺机受料斗中卸料时，要根据受料斗的容量，尽可能快速一次将受料斗装满，以减少集料离析。但要注意不要一次卸料过多，使料溢出料斗，散落到下承层上。

6.6.2 对于散落在下承层上的沥青混合料，不能将料就地铲开薄层铺平。因摊成的薄层料的温度下降很快，摊铺机铺上新混合料和碾压后，实际上会导致沥青混凝土层局部的不均匀性。散落在下承层上的少量沥青混合料，应集中收集并堆放指定地点，不得丢弃在路面两侧，防止污染环境。

6.6.3 受料斗中的沥青混合料要及时送到后面分料箱中。分料箱的螺旋分料器要及时将料分向两侧，直到混合料的高度基本满埋螺旋叶片，然后再开始摊铺。在摊铺过程中，受料斗中的沥青混合料要连续不间断向后面分料箱送料，螺旋分料器也要不间断地将混合料向两侧分料，并始终保持螺旋分料器叶片周围混合料的高度。混合料的高度不能忽高忽低，分料器的转轴不能时隐时现。

6.6.4 在受料斗内混合料不多时，指挥人员应估计运料车中剩余混合料能否一次卸完到受料斗中。如能一次卸完，应指挥运料车驾驶员将混合料一次卸入受料斗中。但要注意不使混合料溢出受料斗和散落在下承层上，同时指挥卸完料的运料车尽快离开摊铺机，并指挥待卸料的运料车尽快后退到摊铺机受料斗前，准备卸料。

6.6.5 受料斗两侧翼板内的混合料，常是粗颗粒较多的离析混合料。在料斗中间部分混合料较少时，摊铺机操作员习惯上会将两侧翼板内的离析混合料向中间翻倒。如果这部分混合料被单独送到分料箱中并摊铺，会产生片状离析现象。为避免发生上述现象，应辅以人工用铁耙将粗细集料拌匀，等新的运料车向受料斗中卸入新混合料，使新混合料与剩余的沥青混合料一起被送到分料箱中，并由螺旋分料器将新旧混合料分散开，以减少集料离析现象。

6.6.6 为避免发生片状离析现象，也可以不将两侧翼板内的离析混合料向中间翻倒。中间混合料不足时，运料车及时向受料斗内倾卸混合料。在中断摊铺时，将侧翼板内的混合料废弃不用。

6.6.7 摊铺机必须缓慢、均匀、连续不间断地摊铺，不得随意变换速度或中途停顿，以提高平整度，减少混合料的离析。摊铺速度按 2 ~ 3 m/min 予以调整，一般不超过 3 m/min，容许放慢至 1 ~ 2 m/min。当发现混合料出现明显的离析、波浪、裂缝、拖痕时，应分析原因，予以消除。

6.6.8 玄武岩纤维 SMA-13 的松铺系数应通过试验路段的试铺确定。

6.6.9 其他要求参照《公路沥青路面施工技术规范》（JTG F 40）执行。

6.7 玄武岩纤维 SMA 压实

6.7.1 压路机轮上的淋水喷头，应疏通、调试好，应能够有效控制喷水量。在碾压过程中，根据情况应随时调整喷水的大小，且不得过度喷水碾压。同时，给压路机添水的水车，应装满水随时在摊铺现场等候，便于压路机及时加水。应定期清洗压路机水箱，保持喷淋水洁净，减少对路面的污染。

6.7.2 在整个碾压过程中，应有专人指挥，负责碾压各个阶段的衔接。玄武岩纤维沥青混凝土的初压温度一般不宜低于 155 °C，复压温度不宜低于 140 °C，终压的结束温度不宜低于 115 °C。现场应保证五台压路机，其中静压力不低于 13 t 的钢轮压路机四台，振荡压路机一台。

6.7.3 玄武岩纤维 SMA 的初压应符合下列要求：

a）初压应在紧跟摊铺机后进行，并保持较短的初压区长度，以尽快使表面压实，减少热量散失。压路机每次折返位置应呈现阶梯状，不能位于同一水平线上，相邻碾压带重叠宽度为 100 ~ 200 mm。振动压路机折返时应先停止振动，不得在未成型路面上曲线行走碾压。

b）玄武岩纤维 SMA 宜采用两台双钢轮压路机初压 1 ~ 2 遍，压路机来回碾压算作一遍。初压时第一次前静后振，第二次振动，提高混合料碾压的密实性。钢轮压路机的静压力应不低于 13 t。振动压路机的振动频率宜为 35 ~ 50 Hz，振幅宜为 0.3 ~ 0.8 mm。采用高频率低振幅，以防止集料破碎。具体碾压边数根据试验段数据确定。

c）初压后应检查平整度、路拱，有严重缺陷时进行修整乃至返工。

6.7.4 玄武岩纤维 SMA 的复压应符合下列要求：

a）复压应紧跟在初压后进行，且不得随意停顿。压路机碾压段的总长度应尽量缩短，通常距摊铺机最远不超过 50 m。当低温施工时，压路机紧跟摊铺机。

b）对路面边缘、加宽及港湾式停车带等大型压路机难于碾压的部位，宜采用小型振动压路机或与振动冲击夯进行压实。

c）复压碾压 3 ~ 4 遍。具体数据根据试验段确定。

6.7.5 终压：

a）终压可选用双轮钢筒式压路机或关闭振动的振动压路机碾压不宜少于 2 遍，至无明显轨迹为止。

b）在复压结束后，应由施工人员用 6 m 直尺检测路面的纵向平整度，结合终压及时修补，以保证良好的平整度水平。

c）其他要求参照《公路沥青路面施工技术规范》（JTG F 40）执行。

6.7.6 玄武岩纤维 SMA 路面施工接缝的处理。沥青路面的施工必须接缝紧密、连接平顺，不得形成明显的接缝离析。上、中层的纵缝均应错开 150 mm（热接缝）以上。上、中层的横向接缝应错开 1 m 以上。接缝施工应用 6 m 直尺检查，确保平整度符合要求。

6.8 质量要求

玄武岩纤维 SMA 的生产质量控制，除了一般混合料质量控制的要求外，应着重加强以下几方面的控制：

a）应严格控制矿料级配，每天应从热料仓取样做筛分试验，检查是否符合级配要求。

b）应严格保证混合料生产过程中的拌和温度和拌和时间，特别是干拌时间。

c）应保证混合料的碾压温度和压实机械的配套。

d）玄武岩纤维 SMA 每台拌和楼每天取样两次，进行马歇尔击实试验，测量混合料的空隙率、稳定度；并采用燃烧法或离心法测定混合料的油石比和矿料级配，以两个样本的平均值评定。同时，每两天进行混合料的车辙试验，以三个试件的平均值评定。

e）发现问题应及时调整，必要时需要停工，等问题解决后方可开工。

f）玄武岩纤维沥青混凝土每 2 000 m^2 检测一组压实水平，采用压实度和现场空隙率双指标控制。